»… da hat mich die Psychoanalyse verschluckt.«

»... da hat mich die Psychoanalyse verschluckt.«

In memoriam
Wolfgang Loch

Herausgegeben
von Heinz Henseler

unter redaktioneller Mitarbeit
von Jürgen Keim

Attempto Verlag Tübingen

Herausgeber und Verlag bedanken sich bei der Vereinigung der Freunde und Förderer der Universität Tübingen (Universitätsbund) e.V. für die finanzielle Unterstützung bei der Drucklegung dieses Bandes.

Herausgeber und Verlag bedanken sich zudem bei Ulrich Metz, Tübingen, für die freundliche Abdruckgenehmigung des Photoporträts von Wolfgang Loch (1990).

Die Deutsche Bibliothek – CIP-Einheitsaufnahme

»... *da hat mich die Psychoanalyse verschluckt*« : in memoriam Wolfgang Loch / Heinz Henseler (Hrsg.). – Tübingen : Attempto-Verl., 1996
   ISBN 3-89308-244-1
NE: Henseler, Heinz [Hrsg.]; Loch, Wolfgang: Festschrift

© 1996. Attempto Verlag Tübingen GmbH
Alle Rechte vorbehalten
Lektorat: Hubert Klöpfer, Tübingen
Satz und Herstellung: Klaus Meyer, Tübingen
Druck: Druckerei Maier, Rottenburg
Einband: Großbuchbinderei Heinrich Koch, Tübingen
ISBN 3-89308-244-1

Inhalt

Einführung. 8

Gedenken an Wolfgang Loch

DIETER MECKE, Vizepräsident
der Eberhard-Karls-Universität Tübingen 17

HANS-KONRAD SELBMANN, Dekan der Medizinischen
Fakultät, Tübingen. 20

JOACHIM DANCKWARDT, Tübingen. 22

HANNA GEKLE, Frankfurt 26

GEMMA JAPPE, Bonn 30

MERVIN GLASSER, London 36

SAMIR STEPHANOS, Ulm. 40

CARL NEDELMANN, Hamburg 46

Durchdenken
Wissenschaftliche Beiträge in Würdigung seines Werkes

Philosophie der Deutungskunst
JOSEF SIMON, Bonn 55

Über den Konstruktivismus im Werk Wolfgang Lochs
FRIEDRICH-WILHELM EICKHOFF, Tübingen 67

Zur Psychoanalyse des Taktgefühls.
Ein Beitrag zur Metapsychologie der psychoanalytischen
Behandlungstechnik
EKKEHARD GATTIG, Bremen 74

Nachdenken

    Gedanken über Entwicklung und Zukunft der Psychoanalyse.
Radiointerview im Februar 1982 anläßlich seiner Emeritierung
WOLFGANG LOCH und URSULA V. GOLDACKER (1982) 95

    Psychische Realität – Materielle Realität.
Genese – Differenzierung – Synthese
WOLFGANG LOCH (1995)................................. 114

Verzeichnis der Schriften von Wolfgang Loch...................... 150
Zu den Autoren.. 157

Einführung

Der vorliegende Gedenkband enthält die Ansprachen und die wissenschaftlichen Vorträge, die anläßlich des Todes von Wolfgang Loch bei der akademischen Trauerfeier am 29. April 1995 in Tübingen von Kollegen, Freunden und früheren Mitarbeitern gehalten wurden. Es handelt sich um persönliche Gedenk- und Abschiedsworte sowie um erste wissenschaftliche Beiträge zur Fortführung seines Werkes. Der Band wurde erweitert um eine Gedenkrede, die am 25. Mai 1995 vor der Mitgliederversammlung der Deutschen Psychoanalytischen Vereinigung in Heidelberg gehalten wurde, um ein Rundfunk-Interview mit Wolfgang Loch anläßlich seiner Emeritierung 1982 und um seine letzte, im Jahrbuch der Psychoanalyse 1995 veröffentlichte Publikation. Er schließt mit einer Bibliographie seines Gesamtwerkes.

Das Buch und seine Beiträge können gewiß keine umfassende Darstellung der Person und der wissenschaftlichen Leistung Lochs bieten. Die einzelnen Autoren zeigen Facetten seiner Persönlichkeit und seines Werkes auf, die das Bild, das er in jedem einzelnen hinterlassen hat, auf vielfältige Weise ergänzen.

Einführend würdigen die Gedenkworte des Vizepräsidenten der Eberhard-Karls-Universität Tübingen, Prof. Dr. Dieter Mecke, und des Dekans der Medizinischen Fakultät, Prof. Dr. Hans-Konrad Selbmann, das wissenschaftliche und hochschulpolitische Werk Lochs und seinen herausragenden Beitrag zum Wiederaufbau der Psychoanalyse nach dem Krieg in der Bundesrepublik und zu deren Weiterentwicklung.

Joachim Danckwardt macht darauf aufmerksam, daß Wolfgang Lochs konstruktivistische Haltung »die Zuweisung dieses großen Mannes in unserer Erinnerung erschwert.« Die Auslegung seines Werkes »voller Komplexität und unerschöpflichem Detailreichtum«, (...) »sperrig, hintergründig und reich an mitgeteilten Affekten«, werfe Probleme auf. Eine Auslegung ohne sein Dazutun und Sich-Einmischen bedeute, sie ganz und gar dem ästhetischen Konflikt seiner Mitmenschen auszuliefern (...) »Das erzeugt den Schmerz: nicht sogleich zu wissen, welche Bedeutung Wahrgenommenes und Erfahrenes nun bekommt, und auch nicht mehr zu der andrängenden Deutung beigetragen zu bekommen.« Uns bleibe, mit wohlmeinender Genauigkeit und konzentrierter Ausführlichkeit fertigzubringen, ihm einen Platz in unserer Erinnerung zuzuweisen, der weiter wirkt.

Hanna Gekle erzählt von dem »intellektuellen Abenteuer« der Supervisionsstunden mit Wolfgang Loch, »Stunden, getragen von einer Heiterkeit. Es waren Stunden seltenen Glücks, wissenschaftlicher Lehre und Zusammenarbeit.« Sie erlebte Wolfgang Loch als Philosoph unter den Analytikern gerade dann, wenn er sich scheinbar ganz auf die Therapie bezog. »Nicht die theoretisch raffinierten, nein, im Gegenteil, gerade die so harmlos daherkommenden, oft als Deutungen gar nicht erkennbaren Formulierungen waren es«, die sie am meisten von der erschließenden Kraft seiner Deutungskunst überzeugten. Neben der intellektuellen Faszination beeindruckte sie sein sich in allen Facetten äußernder Respekt vor der Persönlichkeit des Patienten. »Diesem Respekt, der dem anderen als einem unverfügbaren Individuum zukommt, das sich am Ende noch dem angestrengten Verstehen des Analytikers entzieht, entsprangen auch seine Deutungen.«

Gemma Jappe gesteht, sie sei sich gar nicht sicher – auch wenn das ganz und gar nicht im Sinne Lochs wäre –, inwieweit »Psychoanalyse und Wolfgang Loch in meinem Inneren klar getrennt, inwieweit sie ein und dasselbe sind.« In ihrer Erinnerung sieht sie Wolfgang Loch »von guten weiblichen Objekten, wie er sie nannte« gehalten und begleitet, von seiner Frau, seinen Töchtern und nicht zuletzt seiner Enkelin. Jappe erinnert auch die von Loch selbst geprägte Metapher, die seine Liebe und Hingabe an die Psychoanalyse umschreibt und die wir zum Titel des Gedenkbandes gewählt haben: *sie habe ihn verschluckt*. Mit Barlach meint Jappe: »Trauer ist vielleicht etwas, das weniger mit Traurigsein als Treusein zu tun hat, denn daß ein zu guten Jahren gekommenes Leben ein Ende fand, kann man wohl als Verlust beklagen und kann darüber trauern, aber die Erlösung von Last und Leiden des Alters ist eine gute Fürsprecherin für die Macht, die uns um ein Gut beraubt hat, aber keine Gewalt über Erinnerungen hat.« Von der Unentrinnbarkeit dieser Macht gegenüber zeitlebens tief durchdrungen, habe Wolfgang Loch zuletzt auch jeden Versuch verschmäht, ihr einen Aufschub abzuhandeln. »Aber er behauptete seine Souveränität ihr gegenüber noch im letzten Kampf, indem er dessen spottete, was ihn niederzwang: ›Irgendein kleiner Gott muß doch da drinsitzen, der mich so quält.‹« Sie zitiert Loch aus seiner Abschiedsvorlesung: »Das Ich kann nach dem Tode nur in der projektiven Identifikation, in einem alter ego weiter existieren, und wir müssen versuchen, diese Möglichkeit in eine lebendige und gelebte Wirklichkeit zu transformieren.«

Mervin Glasser, der Londoner Kollege und Freund, nennt Wolfgang Loch

»a great man and a superb thinker«, gleichermaßen mit Bescheidenheit und starkem Selbstbewußtsein ausgestattet, ohne selbstbewundernden Bombast, dessen Respekt für die anderen in einem tiefen Humanismus gründe. Die Fruchtbarkeit seines Geistes habe es ihm auch in seinen philosophischen Gedankengängen niemals erlaubt, bei sterilen Abstraktionen stehenzubleiben. Er reflektierte vielmehr bestehende Konzepte auf neue Entwicklungslinien und Implikationen hin, die helfen könnten, Schwierigkeiten der psychoanalytischen Theoriebildung besser zu verstehen.

Samir Stephanos schildert in seiner sehr persönlich gehaltenen Rede die Entwicklung seiner Freundschaft mit Wolfgang Loch. Es wird spürbar, welche Orientierungshilfe Loch für ihn bedeutet hat und welche Faszination von ihm ausgegangen ist in seiner »unermüdlichen Suche nach der Wahrheit«, wenn er »genau das Wesen seines Patienten, dessen Hoffnungslosigkeit, dessen Bedürfnis nach Liebe, dessen Angst vor der Vernichtung« erfassen wollte. »Ich war beeindruckt von seiner natürlichen Eleganz, von seiner Art, die Szene zu betreten und sich im Raum zu bewegen, dezent, diskret. Ein einfacher Mensch in schlichter Kleidung, eine charismatische Erscheinung, sehr publikumsnah. Ich fühlte mich neben ihm sicher. (...) Lang dauerte es, bis ich verstand, daß die Skepsis, die ihm eigen war, Ausdruck seiner Sorge um die Seinen, um die Freunde und um die Psychoanalyse gewesen ist«.

Carl Nedelmann verweist in seinem in Heidelberg gehaltenen Beitrag vor allem auf die Bemühungen Lochs, der Psychoanalyse nach dem Krieg in der Bundesrepublik Deutschland wieder Geltung zu verschaffen. »Ihm lag daran, die Theorie der Psychoanalyse als Ganzes wiederherzustellen, in der Aneignung die Tradition mit der Weiterentwicklung zu verknüpfen«. (...) »In den Konsequenzen, die sich aus der Objektbeziehungstheorie ergaben, sah er die vorgeschobenen Positionen der Psychoanalyse, aber er begnügte sich nicht damit, die Werke von Melanie Klein, von Winnicott, von Michael Balint und von Bion zu rezipieren, vielmehr verknüpfte er deren Gedanken mit den Werken Freuds, die seine unaufhörliche Aufmerksamkeit fanden, wovon allein seine fast unbändige Zitierlust zeugt.« Die Einsicht in die Grenzen und die Vorläufigkeit unseres Tuns habe sich bei Loch mit der Überzeugung verbunden, daß der psychischen Wirklichkeit dieselbe Dignität zukomme wie der materiellen Wirklichkeit. Hier werde das Bemühen deutlich, was uns als Objektivität erscheint, als Konstruktion der Wirklichkeit zu begreifen. »Damit stellt sich die Frage nach der Wahrheit, die Loch konsequenterweise nach zwei Richtungen hin, die jedoch eine innere Einheit bilden, verfolgt hat. Zum einen suchte er die Nähe der Psychoanalyse zur Philosophie. Seinen letzten

Vortrag hat er vor Philosophen gehalten. Zum anderen würde ein Konstruktivismus, der nicht über sinnliche Wahrnehmungen konstruiert wäre, in die Irre führen.«

Josef Simon setzt sich in einem dichten Text mit der Philosophie der Deutungskunst auseinander, mit der Frage also, wie es dem Analytiker gelingen kann, den Analysanden zu verstehen. »Daß wir etwas, so wie wir es gerade im Bewußtsein haben, für wirklich halten, gehört (...) mit zur Deutung der Zeichen. Es ist nicht zuerst ein Wirkliches gegeben, das dann noch zu deuten wäre. Unser Weltverhalten ist wesentlich von der kategorialen Unterscheidung von Dasein und Nichtsein geprägt. Wenn wir etwas, so wie es sich uns darstellt, glauben oder für wirklich und anderes für unwirklich halten, gehört das zu unserem interpretierenden Weltverständnis. Es gehört zu dem Bild, das wir uns von unserem Standpunkt aus innerhalb des durch ihn gegebenen Horizontes machen, und nur soweit uns dies bewußt ist, können wir auch denken, daß andere es anders sehen können.« Simon kommt zu dem Schluß: »Die Wahrhaftigkeit liegt (...) im Aushalten der Spannung von eigener und gemeinschaftlicher Welt, (...) und die Wahrheit liegt in der Anerkennung des anderen Ich durch die Reflexion oder die Zurücknahme des eigenen Urteils auf sich selbst.«

Friedrich-Wilhelm Eickhoff stellt den Konstruktivismus im Werk Wolfgang Lochs dar. Er geht von einer Bemerkung Freuds zu Hilda Doolittle aus: »Meine Entdeckungen sind nicht in erster Linie Allheilmittel. Meine Entdeckungen sind Basis für eine sehr wichtige Philosophie. Es gibt sehr wenige, die das verstehen, es gibt sehr wenige, die fähig sind, das zu verstehen«. Wolfgang Loch, so Eickhoff, gehörte zu diesen wenigen, und er hat es als seinen Auftrag empfunden zu lehren, was er unter dieser Basis verstand, nämlich die konstruktivistische Position. Diese findet sich über das Gesamtwerk Wolfgang Lochs verstreut. Es handelt sich um die Überzeugung, daß der Mensch ein interpretierendes Wesen ist, »daß es keine Entsprechung (...) zwischen einem ursprünglichen Ereignis und dem, was ein Patient darüber sagt, geben kann. Da die Sprache keinen abbildenden Charakter hat, (...) müssen wir von Konstruktionen sprechen«. Loch erinnert in diesem Zusammenhang an den Sturz der Werte nach Freuds Verlassen der Verführungstheorie, die allein das Psychische, die Bedeutung, übriggelassen habe. Es gebe eben einen feinen Unterschied zwischen dem, was man sagt, und dem, was man mit dem Gesagten zeigt. In Wittgensteins Worten basiere das Sprachspiel aber auf einer lebendigen Form; wenn nicht, sei es wirkungslos und könne beiseite geschoben werden. Daher ist es wichtig, daß der Analytiker in einem sehr strengen

Sinn bei der Abstinenz bleibt, um Beliebigkeit der Konstruktion, Megalomanie und Intropression von Theorien zu vermeiden.

Ekkehard Gattig stattet Wolfgang Loch seinen Dank ab für dessen Anregungen zur Psychoanalyse des Taktgefühls anläßlich eines Vortrags 1993 auf der DPV-Tagung in Bremen. Ihn wundert, daß in der psychoanalytischen Literatur der letzten Jahre der Begriff »Takt« kaum mehr erscheint. Sind wir uns unseres Takts so sicher oder merken wir gar nicht, wie taktlos wir manchmal sind? Für Freud war Takt ein zentraler Begriff der psychoanalytischen Behandlungstechnik. Er begründet wesentlich die Kunst des Deutens. Takt sei aber kein unfaßbarer Begriff, ist nicht Ersatz für die Begabung des Künstlers, sondern Ergebnis der Anwendung technischer und theoretischer Kenntnisse. Inhaltlich meint Takt die Fähigkeit des Analytikers, für eine richtige Deutung den rechten Zeitpunkt zu wählen, abhängig von der Erfahrung und der »Normalität« des Analytikers. Gattig geht der Frage nach, was mit dieser »Normalität« denn gemeint sei. Er stellt die These auf: »Takt ist konstitutives Merkmal eines bestimmten aktuellen Geschehens in der analytischen Situation, in der durch die besondere Handhabung des Tabu-Bruches aus der Pathologie eines Patienten seine Normalität auftaucht und der Normalität des Analytikers begegnet, so daß es in diesem Moment zur beiderseitigen Erfahrung einer persönlichen, einzigartigen und authentischen Begegnung kommt«, zu einer »gleichwertigen Beziehung zweier ungleicher Partner«. Diese persönliche einzigartige und authentische Begegnung sieht Gattig in dem Auftauchen der von Freud so benannten anfänglichen Hilflosigkeit des Säuglings und deren höchst wichtige Sekundärfunktion für die Verständigung. Diese Hilflosigkeit ist als Primärerfahrung Vorstufe und Grundmuster aller späteren Objektbindungen. Als Erfahrung wird sie Strukturelement der analytischen Beziehung. »Es ist diese Anerkennung der notwendigen Existenz eines schützenswerten Raumes zwischen Patient und Analytiker«, die den Takt ausmacht und »die den Prozeß der Desintegration kreativ bleiben läßt«.

Wolfgang Lochs letzte, posthum im Jahrbuch der Psychoanalyse 1995 veröffentlichte Arbeit trägt den Titel: »Psychische Realität – materielle Realität. Genese – Differenzierung – Synthese«. Sie enthält – mit den Worten Eickhoffs, den ich im folgenden zitiere – Wolfgang Lochs konstruktivistisches Credo, sein Insistieren auf der Konstruktion als des wahren Instruments der Analyse. Er hatte seine Thesen auf dem 39. Internationalen Psychoanalytischen Kongreß in San Francisco vortragen wollen. Das war ihm nicht mehr möglich. In seinem Aufsatz überprüft er Freuds berühmte Unterscheidung zwischen externer Realität und Denkrealität. In den »Vorlesungen zur Einführung in die Psychoanalyse« hatte ihn diese Differenz zur Annahme einer Ergänzungsreihe motiviert, da die in den Psychoanalysen konstruierten oder erinnerten infantilen Erlebnisse manchmal »unstreitig falsch«, manchmal »ebenso sicher richtig«, in den häufigsten Fällen aber »aus Wahrem Falschem gemengt« seien. Loch relativiert Freuds Unterscheidung auf andere Weise, indem er – Eickhoff glaubt, zu seiner eigenen Überraschung – unbewußten Phänomenen als zeitlosen die psychische Natur abspricht (da diese mit zeitlichen Indizes verknüpft sein müßte) und sie externen, lokalisierbaren Phänomenen zuordnet. Er fügt hinzu, daß psychoanalytische Therapie erfolgreich werden könne, wenn Deutungen als konkrete externe Wirklichkeit erfahren werden. Konkret erlebte Konstruktionen legten eine neue Basis für das Handeln und Denken des Analysanden. In dieser Sicht konstruieren im Deutungsprozeß die Partner des psychoanalytischen Dialogs im Rahmen der Übertragungs-Gegenübertragungs-Dynamik ihre psychische Realität im Hier und Jetzt in der Hoffnung, daß dadurch eine bessere Grundlage für die innere Befindlichkeit und für zukünftiges Handeln erreicht wird. Die Erkenntnis, daß es keinen festen Bezugsort gebe, von dem aus wir die Welt objektiv erfassen können, und daß wir aus dem Gefängnis unserer Interpretationen nicht herauskommen, in die Realität nämlich, schließe aber nicht aus, daß wir aus lebens- und überlebenspraktischen Gründen die Realität der Welt unterstellen müssen.

Das Rundfunk-Interview von Frau Ursula von Goldacker mit Wolfgang Loch fand im Februar 1982 anläßlich seiner Emeritierung statt. In ihm gewährt Loch Einblicke in seinen biographischen und beruflichen Werdegang. Er äußert sich darüber hinaus zu grundsätzlichen Zielen der Psychoanalyse, zu ihren Schwierigkeiten im Nachkriegsdeutschland und zu den drängenden Fragen ihrer gesellschaftlichen Akzeptanz.

Die Bibliographie des Gesamtwerkes von Wolfgang Loch schließlich belegt eindrucksvoll die unermüdliche Schaffenskraft des Philosophen unter den Psychoanalytikern.

Die ehrenvolle Aufgabe, die akademische Trauerfeier für Wolfgang Loch zu organisieren und die hier vorgelegten Beiträge herauszugeben, ist mir als Nachfolger Lochs auf dem Lehrstuhl für Psychoanalyse, Psychotherapie und Psychosomatik zugefallen. Die gewisse Zurückhaltung, die in dieser Formulierung liegt, spiegelt die nachahmenswerte vornehme Zurückhaltung wider, die Wolfgang Loch mir gegenüber gewählt hat. Vom 1. Februar 1982 an, dem Tag, an dem ich das Amt übernahm, hat Loch mir völlig freie Hand gelassen, die Abteilung nach meinen Vorstellungen zu leiten. Das heißt nicht, daß er mir auf Anfragen und mit Ratschlägen nicht zur Verfügung gestanden hätte. Im Gegenteil, er begegnete mir in all den Jahren persönlich freundschaftlich und fachlich hilfsbereit. Seinen bis dahin großen Einfluß auf die Abteilung zog er jedoch respektvoll zurück, wofür ich ihm bis heute dankbar bin.

Diese Zurückhaltung hatte aber die Folge, daß wir uns relativ selten trafen. Zwar arbeitete Loch bis kurz vor seinem Tode mehrmals wöchentlich in seinem Emeritus-Zimmer im obersten Stock der Abteilung, wir trafen uns im Sekretariat oder auf dem Parkplatz, und es gab freundliche Begrüßungen. In größeren Abständen übernahm Loch auch Vorlesungen in der von mir regelmäßig durchgeführten Vorlesungsreihe über Psychoanalyse, es gab mehrfach Einladungen der Familien hin und her, zu vertieften fachlichen Gesprächen konnte es dabei aber nicht kommen, so daß ich Wolfgang Loch mehr als väterlich-wohlwollenden Kollegen denn als wissenschaftlichen Gesprächspartner erlebt habe. Das war der Grund dafür, daß ich auf einen persönlichen oder wissenschaftlichen Beitrag für dieses Buch verzichtet habe.

Ich schließe diese Einführung mit meinem Dank an alle Sprecher und Autoren, die ihre Texte zur Verfügung gestellt haben, an Herrn Dr. med. Jürgen Keim für die mühsame Redaktionsarbeit und an Frau Bettina Andrade – über dreizehn Jahre Lochs Sekretärin – für die Übertragung der Texte.

Heinz Henseler

Gedenken an Wolfgang Loch

DIETER MECKE, Tübingen

Professor Wolfgang Loch ist am 7. Februar dieses Jahres im 80. Lebensjahr gestorben. Er war von 1971 an in Tübingen Inhaber des bundesweit ersten und einzigen speziell der Psychoanalyse gewidmeten Lehrstuhls und verschaffte in dieser wichtigen Disziplin sich selbst, aber auch der hiesigen Universität einen Namen von internationalem Rang.

Der Lebensweg Wolfgang Lochs war geprägt durch das Schicksal seiner Generation. Geboren im ersten Jahr des Ersten Weltkrieges, aufgewachsen im Berlin der zwanziger Jahre mit seinen vielfältigen geistigen und sozialen Umbrüchen und Widersprüchen, Medizinstudium zu einer Zeit, in der unter anderem auch gerade die Bereiche des Menschseins und Ansätze zu seiner Ergründung, denen er seine spätere berufliche und wissenschaftliche Aktivität gewidmet hatte, grausam und systematisch unterdrückt wurden. Nach der Promotion in einem Bereich der experimentellen Pharmakologie im Jahre 1939 blieben ihm nur wenige Monate Zeit zu weiterer klinischer und wissenschaftlicher Tätigkeit im Bereich der Pharmakologie, bis ihn Kriegsbeginn und Militärdienst einholten, die mit nur einer kurzen Unterbrechung wissenschaftliches Arbeiten unmöglich machten. Erst nach mehrjähriger Gefangenschaft Ende der vierziger Jahre konnte er eine neurologisch-psychiatrische Fachausbildung beginnen, nachdem er zuvor seine als Truppenarzt begonnene internistische Fachausbildung abgeschlossen hatte. Es ist für uns heute wahrscheinlich kaum noch nachzuvollziehen, was es in dieser Zeit bedeutet hat, sich nun eingehend mit den Ideen und wissenschaftlichen Entwicklungen auseinandersetzen zu können, denen man in den Jahren davor bestenfalls heimlich nachgehen konnte. Die unmittelbare Begegnung mit Alexander Mitscherlich, unter dessen Leitung er nach mehrjähriger ärztlicher Tätigkeit in Berlin dann in der Heidelberger Psychosomatischen Klinik, später an dem neu gegründeten Ausbildungszentrum für Psychoanalyse und psychosomatische Medizin, dem heutigen Sigmund-Freud-Institut, wissenschaftlich tätig war, haben den Weg bereitet für seine weitere wissenschaftliche Laufbahn. 1964 kam Wolfgang Loch auf die Initiative von Professor Walter Schulte, dem damaligen Direktor der Nervenklinik, als Wissenschaftlicher Rat nach Tübingen. Im gleichen Jahr habilitierte er sich mit einer Habilitationsschrift über »Voraussetzungen, Mechanismen und Grenzen des psychoanalytischen Prozesses«.

Auf Professor Loch geht die Gründung der Psychoanalytischen Abteilung der Psychiatrischen Universitätsklinik im Jahre 1969 zurück, zu der 1971 zugleich ein entsprechender Lehrstuhl eingerichtet und ihm übertragen wurde. Dies war für die Universität insofern sehr bedeutsam, als fraglos die Psychoanalyse heute eine der wichtigsten Grundlagenwissenschaften der psychotherapeutischen Medizin ist.

Die Würdigung des wichtigen wissenschaftlichen Œuvres im einzelnen darf ich gerne Sachkundigeren in den nachfolgenden Beiträgen überlassen. Vielleicht darf ich aber doch hervorheben, daß Professor Loch in seiner Forschungsarbeit fakultätsübergreifend enge Verbindung zu den Geisteswissenschaften, und hier vor allem zu den Feldern der Philosophie und der Pädagogik sorgsam gepflegt hat.

Dies wurde besonders deutlich in seinen Forschungsschwerpunkten über Theorie und Techniken der Psychoanalyse, insbesondere auch die Arbeiten über die Balint-Gruppen. Die hier entwickelten Methoden der Fallbesprechung im Rahmen einer Therapie sind, wenn ich es richtig sehe, besonders gekennzeichnet durch einen interdisziplinären Teilnehmerkreis und durch interdisziplinäre Ansätze. Die zahlreichen Anerkennungen, die seine Arbeiten gefunden haben, die sich unter anderem auch für den Nicht-Fachmann in den vielfältigen Aufgaben zeigen, die er im Rahmen des Faches auch noch nach seiner Emeritierung wahrgenommen hat, haben seine hohe wissenschaftliche Kompetenz und seine dynamische Arbeitskraft bis zuletzt bewiesen. Wir freuen uns, daß er die Fertigstellung seines in diesem Jahr erschienenen Werkes »Theorie und Praxis von Balint-Gruppen« noch erleben durfte. Zahlreiche wissenschaftliche Veröffentlichungen und wichtige Ämter, wie der jahrelange Vorsitz der Deutschen Psychoanalytischen Vereinigung und der stellvertretende Vorsitz der Internationalen Psychoanalytischen Vereinigung unterstreichen die Bedeutung von Professor Loch als einer im In- und Ausland renommierten Forscherpersönlichkeit von hohem Rang.

Wesentlich an der Erinnerung an Professor Loch ist uns seine erfolgreiche Tätigkeit als Hochschullehrer. Wenn er auch keine als solche bezeichnete Schule gegründet hat, so ist er doch sehr zahlreichen Schülern und Studenten in bleibender Erinnerung als ein Mentor, der kraft seiner Persönlichkeit und kraft seines Engagements bei der Vermittlung seiner Ideen in besonderem

Maße prägend gewirkt hat, wobei vielleicht besonders bemerkenswert war, wie er stets seine Ideen in den Mittelpunkt gestellt, seine eigene Persönlichkeit eher im Hintergrund gehalten hat.

Er wollte indessen ebenso, und das sollte nicht unerwähnt bleiben, stets ganz konkret bei jedem einzelnen seiner Patienten als Arzt helfen, seelische Schmerzen lindern, wenn möglich heilen. Dieser fürsorgliche Dienst am einzelnen kranken Menschen in Erfüllung hippokratischer Pflicht war es nicht zuletzt, was für ihn Ansporn und wahre Zier seines Arztseins und Menschseins bedeutete.

Die Universität Tübingen gedenkt in Wolfgang Loch eines Gelehrten, der als Wissenschaftler, als Arzt, als Hochschullehrer und als Freund vielen entscheidende Impulse gegeben hat, der insbesondere in der Entwicklung der Tübinger Psychiatrie neue Wege aufgezeigt hat, die wir in Dankbarkeit annehmen und weiterentwickeln wollen.

Professor Wolfgang Loch hat sich große Verdienste erworben. Die Universität wird ihm ein ehrendes Angedenken bewahren.

HANS-KONRAD SELBMANN, Tübingen

Die Medizinische Fakultät der Universität Tübingen betrauert den Tod eines ihrer prominenten Mitglieder, Herrn Professor Dr. med. Wolfgang Loch.
    Von Alexander Mitscherlichs Zentrum für Psychoanalyse und Psychosomatische Medizin, dem heutigen Sigmund-Freud-Institut, aus Frankfurt kommend und der Gedankenwelt von Freud und Balint sehr verbunden, gehörte er seit dem 1. April 1964 dem Lehrkörper der Medizinischen Fakultät an, die ihm nur 8 Monate später die Venia legendi für das Gebiet »Psychoanalyse und Tiefenpsychologie« verlieh. Zuvor hatte er eine internistische und eine neurologisch-psychiatrische Weiterbildung hinter sich gebracht. Der Besitz beider Facharzttitel war sicher mit schuld an seinem großen Interesse an der psychoanalytischen Kurztherapie und der psychotherapeutischen Ausbildung vor allem auch der praktischen Ärzte. Sein unschätzbares Verdienst war es, die Psychoanalyse stärker mit klinischen Problemen und Fragestellungen zu verbinden, sozusagen aus der Analyse heraus die Problemlösung anzugehen.
    Die Medizinische Fakultät und die Universität müssen damals – unter der Beratung seines Mentors Professor Schulte, dem damaligen Direktor der Tübinger Universitäts-Nervenklinik – bereits gewußt haben, welchen Schatz sie unter ihrem Dach haben, denn nach seiner Ernennung zum außerplanmäßigen Professor 1968 wurde Professor Loch ein Jahr später zum Abteilungsvorsteher der neugegründeten Abteilung für Psychoanalyse an der Tübinger Nervenklinik berufen. 1971, bereits im 56. Lebensjahr stehend, wurde für ihn sogar der erste Lehrstuhl für Psychoanalyse und Psychotherapie der Medizinischen Fakultät der Universität Tübingen geschaffen, eine Ehre, die nur ganz wenigen in ihrer Karriere zuteil wird und in der Professor Lochs große fachliche Kompetenz, aber auch die Bedeutung seiner Persönlichkeit für die Medizinische Fakultät zum Ausdruck kommt.
    Auch national und international mehrten sich sein Ansehen und die Ehrungen, abzulesen an der zunehmenden Zahl von Ehrenämtern wie jene als Vorsitzender des Stuttgarter Instituts für Psychotherapie und Tiefenpsycho-

logie, als Vorsitzender der Deutschen Psychoanalytischen Vereinigung oder als Vizepräsident, später Sekretär der International Psychoanalytical Association.

Sein wissenschaftliches Œuvre, das in den nachfolgenden Beiträgen ja noch von kompetenter Seite gewürdigt werden wird, ist umfangreich und bewegt sich von den »Voraussetzungen, Mechanismen und Grenzen des psychoanalytischen Prozesses« – sein Habilitationsthema – über sein erfolgreiches Lehrbuch der »Krankheitslehre der Psychoanalyse« bis hin zu den engen Beziehungen zwischen Psychoanalyse und Philosophie, einem Thema, das ihn auch nach seiner Emeritierung im Jahre 1982 stark beschäftigte.

Bereits bei seiner Abschiedsvorlesung im Jahre 1982, für die er den Titel »Psychoanalytische Bemerkungen zur Krise der mittleren Lebensphase« gewählt hatte, reflektierte er über die Kunst des Abschiednehmens und über den Tod. Er schrieb damals: »Angesichts des Todes versagt auch die Erfahrung von *Ich kann*. Es gibt keine Reparation mehr, denn der Tod ist unendlich und das Leben als endliches zerbricht an ihm. (...) Ein Weiterexistieren ist nur denkbar im Geschaffenen, im Alter ego, der nachfolgenden Generation und den überlebenden Werken«.

Professor Loch wird für die Medizinische Fakultät weiter existieren in seinem Vermächtnis. Dies hat, bei aller Trauer über den Verlust, doch etwas Tröstliches für uns alle an sich.

JOACHIM DANCKWARDT, Tübingen

Am 7. Februar 1995 ist Herr Professor Dr. Wolfgang Loch gestorben. Und es gilt für uns, wichtige innere Prozesse auf dem Weg zu halten oder auf den Weg zu bringen. Darunter ist vielleicht die wichtigste Aufgabe die, Wolfgang Loch einen neuen Platz zuzuweisen. Seinen Platz in unserer Erinnerung.

Dietrich Bonhoeffer hat zu dieser Aufgabe gesagt: »Je schöner und voller die Erinnerung, desto schwieriger die Trennung. Aber die Dankbarkeit verwandelt die Qual der Erinnerung in stille Freude.« Wie wird es uns damit gehen? Eine bange Frage?

Denn Wolfgang Loch hat im Lauf seines an Schaffen reichen Lebens zahlreiche bedeutsame Plätze eingenommen. Sie waren ihm jedoch nie zugewiesen worden. Er war von 1972 bis 1975 Vorsitzender der Deutschen Psychoanalytischen Vereinigung und seit 1990 ihr Ehrenmitglied. Von 1972 bis 1975 war er Vizepräsident der Internationalen Psychoanalytischen Vereinigung und von 1981 bis 1983 ernannter Sekretär für Europa im Vorstand der Internationalen Psychoanalytischen Vereinigung. Das sind auf dem Weg der ›Renaissance‹ der Psychoanalyse in Deutschland ehrenvolle Plätze, die Wolfgang Loch verantwortungsbewußt planend und gestaltend wahrgenommen hat. Diese Plätze hat sich Wolfgang Loch erarbeitet.

Deutlich werden die großen Leistungen auch, wenn wir Wolfgang Lochs Platz innerhalb der Universitätswissenschaften würdigen. Zweimal mochte es seit 1900 möglich gewesen sein, daß die Psychoanalyse in Tübingen Fuß fassen konnte. Zwischen 1924 und 1926 sowie zwischen 1945 und 1949. Jedes Mal bildeten zwiespältiges Mißbehagen, Ambivalenz und Unentschlossenheit, der ›Daimon Aber‹ – wie Josef Breuer sagen würde – die Instanz, die der Psychoanalyse diesen Platz verweigerte. Wolfgang Loch hatte sich von solchen Einstellungen keinen Platz in Tübingen anweisen lassen. Als erster Wissenschaftler in Deutschland hatte er sich 1964 mit einem psychoanalytischen Thema *sensu strictiori* habilitiert und sich 1971 als erster und einziger ein Ordinariat für Psychoanalyse erarbeitet.

Und nun *ihm* einen neuen Platz in unserer Erinnerung zuweisen? Lassen

Sie mich die Ungewöhnlichkeit dieser Aufgabe an einem dritten Beispiel zeigen, nach jenem auf internationaler und wissenschaftlicher Ebene nun ein sehr persönliches Beispiel.

Nachdem ich vor 26 Jahren Teilnehmer an einer seiner Balint-Gruppen geworden war, stellte ich dort den Fall eines älteren Mannes vor, der vordergründig beruflich und hintergründig ehelich in einer Lebenskrise steckte. Er konfrontierte mich erstmals mit der Frage der Psychotherapie bei älteren Menschen, z. B. mit der Frage der Entwicklungsfähigkeit im höheren Lebensalter. Ich hatte noch wenig berufliche und keine lehranalytisch verarbeitete Erfahrung und wand mich gehörig. Was sollte das Ziel einer Therapie sein? Außer einem Zitat von George Bernhard Shaw, in dem Aus-der-Not-eine-Tugend-Machen vorgeschlagen wird, war mir kein besseres Ziel in den Sinn gekommen. Shaw sagte: »Das Alter hat zwei große Vorteile: Die Zähne tun nicht mehr weh, und man hört nicht mehr all das dumme Zeug, das ringsum gesagt wird.«

Wolfgang Loch – solches ahnend – ließ sich diesen Platz von mir nicht zuweisen. Blitzgeschwind und feinsinnig erkannte er meinen Konflikt mit den Alten und erhellte ihn mit seiner indirekten Deutungskunst: »Ach, Herr Danckwardt«, sagte er, »alte Scheunen brennen hell«. Die Bemerkung kennzeichnet zugleich seine ärztliche Tätigkeit; das war ein Teil, der ihm immer sehr wichtig geblieben war; nie habe ich ihn diesen aufgeben sehen.

Und noch ein letztes Beispiel, ein diesmal schwerer deutbares: Als ich zu seinem siebzigsten Geburtstag in der Abteilung für Psychoanalyse eine Laudatio gehalten hatte, antwortete er in einer tiefgründigen Rücküberlegung, daß nicht sicher sei, über wen gesprochen werde, denn es gebe zwei Anwesende, einen Wolfgang und einen Erdmann.

Man erkennt aus allen Beispielen unschwer: eine Zuweisung von Plätzen würde es ohne sein Sich-Einmischen nicht geben. Warum? Vielleicht ist die Lösung des Problems in einer Äußerung zu suchen, die er 1994 in seiner Arbeit über »Wie verstehen wir Fühlen, Denken, Verstehen?« herleitete: »Die Psychoanalyse«, so heißt es dort, »macht Ernst mit der Idee, daß wir Menschen Auslegungen sind.« Wir können vermuten, daß hinter dieser Bemerkung die Erfahrungen zweier Weltkriege und ihrer politischen und sozialen Auslegungssysteme stecken, einmal als hineingeborenes Kind und ein andermal als hineinkommandierter Teilnehmer.

Das Wissen um Wolfgang Lochs konstruktivistische Haltung ist es, das die Zuweisung dieses großen Mannes in unserer Erinnerung erschwert. Und diesmal eine neue Zuweisung. Deshalb neu, oder auch: wieder neu, weil diese

Zuweisung eine Auslegung ohne sein Dazutun und Sich-Einmischen sein wird. Obwohl: sein Werk ist sperrig, hintergründig und reich an mitgeteilten Affekten; in jeder Rezeption wird es sich – und damit auch er – kräftig einmischen. Dennoch geschieht Auslegung nun ohne sein persönliches Dazutun. Sie ist jetzt ganz und gar dem ästhetischen Konflikt seiner Mitmenschen ausgeliefert. Von ihnen wahrgenommen zu werden, ohne daß sie schon wüßten, was die neue Wahrnehmung bedeutet. Das erzeugt den Schmerz: nicht sogleich zu wissen, welche Bedeutung Wahrgenommenes und Erfahrenes nun bekommt und auch nichts mehr zu der andrängenden Deutung beigetragen zu bekommen.

Wolfgang Loch war einem solchen ästhetischen Konflikt bei der Auslegung des wahrgenommenen Seelischen, der Auslegbarkeit des Seelischen, stets mit großer Verantwortung nachgekommen. Erkenntlich ist das an einem Lebenswerk voller Komplexität und unerschöpflichem Detailreichtum. Damit hat er uns vielleicht einen Teil des Weges gewiesen. Daß wir es nur mit wohlmeinender Genauigkeit und konzentrierter Ausführlichkeit fertigbringen, auch ihm einen neuen Platz in unserer Erinnerung zuzuweisen, der weiter wirkt. Dies ist auf intellektuell-kognitivem Gebiet auch unmittelbar einsichtig.

Die Deutsche Psychoanalytische Vereinigung bleibt dieser Werk- und Wirkungstreue verpflichtet.

An dieser Stelle könnte es heißen, wir werden Wolfgang Lochs Andenken in Ehren bewahren. Aber die Formel erschien mir allzu glatt: »in Ehren bewahren«? Wogegen?

Ich hätte damit die scharfe Ambivalenz draußen gelassen, die sein Tod in uns lebendig werden ließ. Was damit zu tun ist, was dazu zu sagen ist, das kann man nur aus einer langen Erfahrung mit Wolfgang Loch ableiten, aus der nur seine Frau, seine Angehörigen und vielleicht seine engsten Freunde heraus antworten können. Sie haben Wolfgang Loch sehr viel davon geschenkt, so daß so viel Bewundernswertes möglich wurde.

Ich will es mit einigen Zeilen von Erich Fried, mit einem Text aus seinen Liebesgedichten, ausdrücken. Es hat die Überschrift »Vorübung für ein Wunder« und ist ebenso schlicht, blitzgeschwind und gescheit formuliert, wie Wolfgang Loch es auszeichnete:

Vorübung für ein Wunder

Vor dem leeren Baugrund
mit geschlossenen Augen warten
bis das alte Haus
wieder dasteht und offen ist

Die stillstehende Uhr
solange ansehen
bis der Sekundenzeiger
sich wieder bewegt

An dich denken
bis die Liebe zu dir
wieder glücklich sein darf.

Das Wiedererwecken von Toten
ist dann
ganz einfach.

HANNA GEKLE, Frankfurt

Worüber man nicht sprechen kann – darüber muß man schweigen. Dieser ins Geheimnisvolle verdichtete Satz des jungen Ludwig Wittgenstein fand die Zustimmung dessen, dessen wir gedenken: Wolfgang Loch. Er stimmte ihm zu, wohl wissend, daß für sein alltägliches berufliches Handeln der konträre Satz Freuds geradezu konstitutiv war: Wessen Lippen schweigen, der schwätzt mit den Fingerspitzen. Danach können wir Menschen eigentlich gar nicht schweigen, was sich die bewußte Rede versagt, das verrät zum Beispiel die Körpersprache.

Aber zunächst: Das Sigmund-Freud-Institut Frankfurt trauert um Wolfgang Loch, verliert es doch mit ihm nicht nur einen der bedeutendsten theoretischen und klinischen Repräsentanten der Psychoanalyse, sondern zugleich eines seiner Gründungsmitglieder, einen Mann der ersten Stunde also. Seinem außerordentlichen Arbeitseinsatz, seiner wissenschaftlichen Neugier und Freude am Austausch war es nicht unwesentlich zu verdanken, daß nach der völligen Vernichtung und Vertreibung der Psychoanalyse durch die Nazis in Frankfurt, dieses Wissen wieder ansässig werden konnte. Wenige Tage nur vor seiner potentiellen Befreiung durch die Amerikaner war Karl Landauer, der Direktor des ersten Frankfurter Psychoanalytischen Instituts, im Konzentrationslager den Hungertod gestorben. Nichts war von der Kultur der Psychoanalyse, die es im Frankfurt der 20er und 30er Jahre bereits gegeben hatte, übriggeblieben. Unterstützt von Max Horkheimer, dem Leiter des Instituts für Sozialforschung, mit dem die Psychoanalyse bereits in der Vornazizeit unter demselben Dach vereint gewesen war, gefördert vom damaligen Ministerpräsidenten Zinn, verbindet sich der Wiederaufbau der Psychoanalyse vor allem mit den Namen Alexander und Margarete Mitscherlichs. Ohne den unermüdlichen Arbeitseinsatz von Mitarbeitern wie Wolfgang Loch wäre es völlig unmöglich gewesen, daß die Psychoanalyse in Frankfurt wieder so rasch Fuß fassen konnte.

Das psychoanalytische Wissen nach 1945, das versichern alle, war geradezu erschütternd niedrig. Kaum, daß man eine Depression von einer Hysterie habe unterscheiden können. Die Vertreibung, Verfolgung und Ermordung der Juden mußte die Psychoanalyse noch weit mehr treffen als andere Wissenschaften. Denn erstens war sie seit ihren Anfängen bei Freud eine vor allem von jüdischen Wissenschaftlern entwickelte und betriebene Form des Wissens. Zweitens jedoch kann die Psychoanalyse als Praxis, sowohl was die Lehranalysen angeht wie die Supervisionen, ohne persönliche, nur im direkten Umgang übermittelbare Weitergabe von Wissen nicht gelehrt werden. Damals mußte es zunächst darum gehen, diese theoretischen Verwüstungen wieder rückgängig zu machen und die Psychoanalyse, so gut es ging, wieder zurückzuholen: ein zweiter kulturstiftender Akt. Dazu scheute man weder Zeit noch Aufwand. Nach den langen Entbehrungen schien man regelrecht nach Wissen zu gieren. In seiner Selbstdarstellung schildert Wolfgang Loch selber diese frühe Zeit des Studiums: »Die Atmosphäre, die ich traf, sagte mir sehr zu. Sie war offen, liberal, es gab keinerlei Diskriminierungen. Statt dessen eine stets freie Diskussion.«[1]

Fruchtbare Jahre also. Es folgte Tübingen, wo eine nicht weniger umfangreiche Aufbauarbeit noch einmal auf ihn wartete. Die alten Verbindungen lockerten sich, doch gerissen sind sie nie. Gemma Jappe folgte Loch vom Sigmund-Freud-Institut an die Tübinger Neckargasse. Und wenn ich mich heute als Vertreterin des Sigmund-Freud-Instituts äußere, so ist das nur phänomenologisch korrekt; ich ging den umgekehrten Weg von Tübingen nach Frankfurt. Der genaue Anteil Wolfgang Lochs an dieser Rücklaufbewegung wird wohl für immer im dunklen bleiben. Im Zweifelsfall wird er immer größer als erwartet sein. Wir kannten uns lange. Bereits während meines Philosophiestudiums war mir Wolfgang Loch in verschiedenen Seminaren begegnet, später besuchte ich seine eigene Vorlesung, und schließlich war er zum erstenmal sehr hilfreich beim Abschluß meiner Promotion in Philosophie, wo er eines der Gutachten übernahm. Nie vergesse ich, wie ich mich zum Erstinterview bei ihm meldete, um mich für die psychoanalytische Ausbildung zu bewerben. Es war am 9. Dezember, spätnachmittags, 1980. »Für die psychoanalytische Ausbildung wollen Sie sich bewerben?« – Ich hörte das Rascheln des Kalenders durch das Telefon. »O je, das sieht nicht gut aus, ich habe keine Zeit, diese Woche nicht, nächste nicht, übernächste schon gar nicht, und dann ist schon Weihnachten und im neuen Jahr geht das grad so

---

[1] W. LOCH, 1992, S. 225, in: Psychoanalyse in Selbstdarstellungen I; herausgegeben von L. M. HERMANNS. edition diskord. Tübingen 1992.

weiter. Alles belegt.« – Ich hatte innerlich längst resigniert und wollte bereits auflegen, da traf mich seine Stimme: »Ach, wissen Sie was, kommen Sie morgen um acht.« – Schnell, präzise, unbürokratisch, so erwies er sich auch später in allen Situationen, in denen ich wegen Prüfungen, Zertifikaten oder Supervisionen auf ihn angewiesen war.

Regelmäßig zusammengearbeitet habe ich mit ihm erst ab 1987, seitdem er einmal pro Woche den Verlauf einer meiner psychoanalytischen Behandlungen kontrollierte. Und diese Supervision wurde für mich ein intellektuelles Abenteuer. Mit einer ungewöhnlichen Konzentration auf die Sequenzen und Brüche im manifesten Text der berichteten Stunden verstand er es, durch eine ebenso entschiedene wie diskrete Integration meiner Gegenübertragung den berichteten Stundeninhalt auf eine neue unbewußte Dimension hin zu öffnen, ohne je dogmatisch theoriegeleitet zu sein. Gar die seltenen direkten Deutungsmöglichkeiten, die er vorschlug, waren in ihrer scheinbar heiteren Schlichtheit für mich atemberaubend. Er wußte nicht nur, daß die Sprache des Unbewußten eine andere ist als die des Bewußten, sondern auch, daß man anders mit ihm sprechen muß. Wenn Wolfgang Loch als Philosoph unter den Psychoanalytikern gesehen wird, so war er dies für mich gerade dann, wenn er scheinbar sich ganz auf die Therapie bezog. Nicht die theoretisch raffinierten, nein, im Gegenteil: gerade die so harmlos daherkommenden, oft als Deutungen gar nicht erkennbaren Formulierungen waren es, die mich am meisten von der erschließenden Kraft seiner Deutungskunst überzeugten – eine andere Form der Hermeneutik, die die Psychoanalyse förderte und die, so scheint es mir, bis heute über die Sprachphilosophie hinausführen könnte.

Aber es gab nicht nur die intellektuelle Faszination, er beeindruckte mich vor allem in seinem Respekt vor dem Patienten. Diesem Respekt der dem Anderen als einem unverfügbaren Individuum zukommt, das sich am Ende noch dem angestrengten Verstehen des Analytikers entzieht, entsprangen auch seine Deutungen: entstanden auf der Basis einer manchmal geradezu schwindelerregenden Intuition, die die Grenzen von Ich und Du aufzuheben schien, mündeten sie im Schmerz einer Differenz, die beide, Analytiker wie Analysand, am Ende wieder als Getrennte konstituierte. Was Hegel den Schmerz der Endlichkeit nannte, das erfuhr ich nicht zuletzt in den Supervisionen mit Wolfgang Loch. In dem, was er die »Vernichtung der Übertragung« nannte, war dieser Schmerz permanent gegenwärtig. Mit ihm der Verlust, der Tod. Darüber allerdings haben wir expressis verbis nie gesprochen. Er überließ dies dem schweigenden Verstehen. Theoretisieren wie Philosophieren blieb allenfalls zwischen Tür und Angel genehmigt. Dennoch waren die Stunden getragen von einer schwebenden Heiterkeit. Es waren Stunden seltenen Glücks wissenschaftlicher Lehre und Zusammenarbeit.

Auch diese Heiterkeit, das wußte ich bereits damals, hatte etwas mit Tod und Verlust zu tun: mit seiner, Wolfgang Lochs, inneren Anerkennung der Vergänglichkeit. – So müßten wir eigentlich alle, die ihn kannten, auf seinen Tod vorbereitet sein, nicht zuletzt durch ihn selber. Doch ist der reale Tod etwas anderes als der symbolische: ein Individuum in seiner kontingenten Einzigartigkeit verschwindet. Dieses factum brutum verweigert sich dem Verstehen. Man kann es nur zu ertragen lernen. So scheint man am Ende, in das Schweigen Wittgensteins getrieben, sich am ehesten in der Position des traurigen Knaben wiederzufinden, der seinen Vater verlor, und dem Freud in der Traumdeutung gleichwohl ein Denkmal der Erinnerung gesetzt hat: Daß der Vater gestorben ist – so der Kleine – verstehe ich ja, aber daß er nicht zum Abendbrot kommt, kann ich mir nicht erklären.

Wir trauern um Wolfgang Loch. Und wir werden ihn vermissen: als Analytiker, als Supervisor, als Lehrer, als Mensch.

GEMMA JAPPE, Bonn

Die Begegnung mit Wolfgang Loch vor 33 Jahren als junge Diplom-Psychologin am Sigmund-Freud Institut[1] war zugleich meine Begegnung mit der Psychoanalyse, eine »Wahrnehmungs-Identität«, die sich später in den zwölf Jahren Mitarbeit am Lehrstuhl in Tübingen noch gefestigt hat. Trotz Brüchen und getrennter Wege – Wolfgang Lochs jäher Weggang aus Frankfurt, meine Ausbildung in Zürich, die vielen Jahren seit seiner Emeritierung – bin ich bis heute nicht sicher, wieweit Psychoanalyse und Wolfgang Loch in meinem Inneren klar getrennt, wieweit sie ein und dasselbe sind. In seinem Sinne ist das nicht: War er doch stets bestrebt, seine Person in der Sache zu verhüllen, der er sein Leben geweiht hat, einer Sache jedoch, die wie keine andere den persönlichen Einsatz von Leib und Seele erfordert, weshalb in ihr unweigerlich auch die Person wirkt, vielleicht sogar am meisten. Wie also von ihm sprechen und schreiben, ohne die Intimität der Berührung preiszugeben, und läßt sich das Beste und Unvergängliche überhaupt sagen?

Den Anfang mache eine zufällig gefundene Stelle aus einem Brief von Ernst Barlach: »Trauer ist vielleicht etwas, das weniger mit Traurigsein als Treusein zu tun hat, denn daß ein zu guten Jahren gekommenes Leben ein Ende fand, kann man wohl als Verlust beklagen und kann darüber trauern, aber die Erlösung von Last und Leiden des Alters ist eine gute Fürsprecherin für die Macht, die uns um ein Gut beraubt hat, aber keine Gewalt über Erinnerungen hat.«[2]

Diese Macht nannte Loch in freidenkerischer Beliebigkeit mit Wittgenstein »Schicksal«, »die von unserem Willen unabhängige Welt«, »das, wovon wir abhängig sind« oder einfach »Gott«.[3] Von der Unentrinnbarkeit dersel-

---

[1] Damals noch »Institut und Ausbildungszentrum für Psychoanalyse und Psychosomatische Medizin« genannt, und über dem Kino in der Biebergasse ansässig.
[2] Nr. 459, vom 8. 12. 1920 an Lotte Lucht, eine Verwandte, zum Tode von deren Mutter, bezogen aber auch auf den der eigenen, vier Monate zuvor.

ben zeitlebens tief durchdrungen, verschmähte er auch zuletzt, so haben wir Grund anzunehmen, jeden Versuch, ihr einen Aufschub abzuhandeln. Aber er behauptete seine Souveränität ihr gegenüber noch im letzten Kampf, indem er dessen spottete, was ihn niederzwang: »Irgendein kleiner Gott muß doch da drinsitzen, der mich so quält.«

Es ist ein bekannter psychoanalytischer Topos, daß der erste Gedanke aus dem ertragenen Schmerz entsteht. Diesen Prozeß hat Wolfgang Loch beispielhaft vorgelebt: Viel wissen wir von seinen Gedanken, wenig von seinen Schmerzen, obgleich es Hinweise dafür gibt, daß der »kleine Gott« sich früh mit ihm angelegt hat und an markanten Stellen der Lebensgeschichte wieder aufgetaucht ist. Es steht uns nicht an, dies ans Licht zu zerren. Ein herausragendes Ereignis erwähnt die Autobiographie: Die Mutter reicht eine Karte herum mit der Nachricht vom Kriegstod ihres ältesten Sohnes. Was das für ein Kleinkind bedeuten kann, hat Ilse Grubrich-Simitis in ihrer schönen Arbeit »Freuds Moses-Studie als Tagtraum« zu erspüren versucht. Was sie für den anderthalbjährigen Freud vermutet, mag mutatis mutandis und in gebotenem Abstand auch für den zweieinhalbjährigen Wolfgang Loch gelten: »Jedenfalls haben die traumatischen Konsequenzen von Objektveränderung und Objektwechsel in Freuds Psyche wohl nicht nur die Kreativität überhaupt erst ermöglichende Durchlässigkeit der Ich-Grenzen hinterlassen, sondern auch die enorme lebenslange Binnenspannung, die ihn dazu antrieb, die mitgebrachte Geniebegabung voll zu entfalten und die verzehrende Mühsal der Hervorbringung dieses Lebenswerkes auf sich zu nehmen.«

Hierin wurde Wolfgang Loch von liebevollen Frauengestalten gehalten und begleitet, guten weiblichen Objekten, wie er es genannt hätte. Nach seiner Mutter vor allem von seiner sehr verehrten älteren Schwester, die er noch lange umsorgte; und in der Mitte seines Lebens von seiner Frau Mechtildis. Die wenigen Male, die Wolfgang Loch von sich gesprochen hat, versäumte er nie hervorzuheben, wie er ohne seine Frau nicht wäre, was er war. Sie fiel ihm auch ein, als es in einer Diskussion mit Behaviouristen darum ging, zu vertreten, daß Angst ein menschliches, kein krankhaftes Gefühl sei: »Wenn meine Frau krank wäre, dann hätte ich Angst. Natürlich hätte ich dann Angst.« Hier müssen auch seine Töchter und nicht zuletzt seine Enkelin genannt

---

[3] Manuskript »Zeichen Deuten Handeln«, S. 25; erschienen: W. LOCH, 1995: Zeichen – Deuten – Handeln. Ein klinisch-theoretischer Beitrag aus psychoanalytischer Sicht. In: SIMON, J. (Hrsg.), 1995: Distanz im Verstehen. Zeichen und Interpretation II. Frankfurt/M. (Suhrkamp).

werden, denen seine ganze Liebe und Fürsorge galt und die ihm soviel bedeuteten. »He is a family man«, sagte Adam Limentani in seiner Laudatio zum 75. Geburtstag. Vor 15 Jahren habe ich Herrn Loch eine Arbeit über die Vater-Tochter-Beziehung gewidmet. Darin behauptete ich, »daß erst die Beziehung des Mannes zu seiner Tochter die Errichtung des dritten Objektes und dessen Aufgabe vollendet, die Inzestschranke endgültig zu sichern, was freilich unter Umständen, mit einem Opfer der Tochter verbunden sein könnte – Porzia, Cordelia, Antigone«. Herr Loch, der mich zum Dank einlud, die Arbeit mit ihm durchzugehen, blätterte an dieser Stelle hin und her, lächelte fein und sagte, »es stimmt, es stimmt alles«.

Über die Rolle des dritten Objektes, des väterlichen Prinzips, ist schon so viel gesagt worden, daß ich mir hier erlaube, es zu übergehen. Es sei nur soviel erwähnt, daß Wolfgang Loch die Erinnerung an seinen Vater mit Witzen verbindet, auch solchen sarkastischer Art.[4] Es durfte gelacht werden bei Herrn Loch; in einem Gedicht zu meiner Praxiseröffnung pries er das Lachen als den entscheidenden Katalysator der Sublimierung:

> »Wie –
> du lachtest, als du mit Freud experimentiertest.
> Welch eine Blasphemie!
> Doch sieh,
> das ist des Spiritus Freudiensis tief Geheimnis:
> Wer Freud nicht lachend genießt,
> sich und den Kunden alles vermiest.«

Die geistsprühende Atmosphäre jenes Anfangs in Frankfurt kann man sich heute kaum noch vorstellen – es wurde wirklich alles an der Psychoanalyse neu entdeckt damals, und zwar von den Lehrenden wie von den Lernenden.

Eine Quelle für Gelächter war auch Lochs ausgeprägter Sinn für das Handgreifliche, sein umstandsloses Zugehen auf das allgegenwärtige Streben nach Lust und Triebbefriedigung, solange, wie er zu sagen pflegte, »die Menschen sich nicht durch Knollen vermehren«. Diejenigen von uns, die den 1977 entstandenen Film über Balint-Gruppen gesehen haben, werden sich an den Ausdruck tiefer Befriedigung und innigen Verständnisses auf Lochs

---

[4] W. LOCH, 1992: »Mein Weg zur Psychoanalyse. Über das Zusammenwirken familiärer, gesellschaftlicher und individueller Faktoren«. In: HERMANNS, L.M. (Hrsg.), Psychoanalyse in Selbstdarstellung, Bd. 1, S. 208. edition discord, Tübingen.

Gesicht in Großaufnahme erinnern, während eine Teilnehmerin von einer Patientin berichtet, die die Wendung gebrauchte, ihr Mann sei ihr wie der Geschmack von Zwiebeln.

Und leibnah ist auch die Metapher, mit der er seine tiefste Liebe, die totale Hingabe an die Psychoanalyse ausdrückte: *sie habe ihn verschluckt*. Und einem höchsten Augenblick, dem ahnenden Gewahren des Ineinander von Bestehen und Vergehen, lieh er Rilkes Worte: »Halten wir uns den Wandel zwischen die Zähne, daß er uns völlig begreift in sein schauendes Haupt.«[5]

Nun ist aus dem Wandel die einzig unumstößliche Gewißheit hervorgegangen, die des individuellen Todes. Es ist die Erde, die Wolfgang Loch verschluckt hat, er ist den Elementen seines So-seins zurückgegeben. Und gerade die Treue zu Wolfgang Loch verbietet es, zu Illusionen Zuflucht zu nehmen, irgendeinen Schlupfwinkel im Nirgendwo zu suchen, von wo aus der Verstorbene uns noch sehen, unser Sein und Denken affirmieren, »sich einmischen« könnte, wie der Lebende solange tat.

Und dennoch hält das suchende Auge Ausschau, was bleibt. Da ist sein Werk, geschrieben in 30, 40, von der Dissertation an gerechnet 55 Jahren. Vom Inhalt her noch weit reicher, als schon die hundert Titel vermuten lassen: Je länger und intensiver der Denkprozeß, desto kürzer der Text. So sollte es mich nicht wundern, wenn man ebenso viele Jahre bräuchte, dies Werk angemessen zu verstehen. Ein Beispiel, wie es mir häufig ging, und manch anderem bisweilen: In den letzten Jahren mit dem Sterben konfrontiert, war mir, als ergösse sich mit dem Schwinden der zentrierenden Kraft des Subjekts die Seele des Sterbenden gleichsam in die nächsten Personen seiner Umgebung, die dessen Wünschen und Fürchten wie aufgeteilt vertreten und übernehmen. Während ich noch überlege, ob das psychoanalytische Konzept der projektiven Identifizierung eine solche Auslegung verträgt, finde ich in Wolfgang Lochs lange zurückliegender Abschiedsvorlesung[6] den Satz: »Das Ich kann nach dem Tode nur in der projektiven Identifikation, in einem alter ego weiter existieren, und wir müssen versuchen, diese Möglichkeit in eine lebendige und gelebte Wirklichkeit zu transformieren.«

---

5   Zitiert nach W. LOCH, 1990: Die Konstitution des Subjekts im psychoanalytischen Dialog. In: Luzifer-Amor, Heft 5, S. 132.
6   Vgl. W. LOCH, 1986: Psychoanalytische Bemerkungen zur Krise der mittleren Lebensphase – Mittlere Lebensphase – depressive Position – Tod. In: Perspektiven der Psychoanalyse, S. 102f.

Soweit wir uns in diesem Sinn als Alter ego zu verstehen wünschen, in dem *er* weiterlebt, haben wir viel zu entdecken, womit eine große Hoffnung verbunden ist, denn »im noch nicht Verstandenen liegt die Zukunft«.[7] Freilich ist uns damit auch ein Problem aufgegeben, denn die projektive Identifizierung gehört in das Feld konflikthafter Objektbeziehungen und Übertragungen, die analytische Arbeit aufheben, ja »vernichten« soll. Am schwersten wiegt gewiß sein unfaßbares Entschwinden selbst noch in der Mitte der Schaffenskraft. Unweigerlich gießt sich der Schmerz hierüber auch in Spuren, die früheres Sich-Entziehen hinterlassen hat, nannte er sich doch gern einen Philobaten. Auch die Unerbittlichkeit, mit der er für seine Prinzipien, seine hohen ethischen Maßstäbe eintrat, mag Wunden hinterlassen haben.

Wenn ich solche Dinge erwähne, so darum, um an unsere gemeinsame Arbeitskraft zu appellieren und vor allem, um daran zu erinnern, wieweit auch hierin uns Wolfgang Loch vorausgegangen und entgegengekommen ist. Er hat uns, und nicht nur in seinen Schriften, Deutungen gezeigt und gegeben, die in einem gegebenen Moment Subjekt und Welt wirklich verändern, für einen Augenblick etwas vollständig heil werden lassen können. Aber was spreche ich von Deutungen: Auch als fürsorglicher Vorgesetzter konnte er mit einem Satz Heilsames spenden: »Sie haben doch einen Schock – legen Sie sich ins Bett« oder: »Sie wissen doch, daß es mir *ganz gleich* ist, *wann* Sie arbeiten«. In der Supervision hat er uns wieder und wieder dazu angeregt, uns vom sicheren Ufer des rationalen Auslegens zu lösen und hinüber zu schwingen ins Unbekannte, wo vielleicht die konkordante Einstellung zu finden wäre, vor allem aber, ohne etwas Bestimmtes zu suchen. Was die persönliche Beziehung angeht, so durfte ich gerade in den letzten Monaten noch die Erfahrung machen, wie großherzig Wolfgang Loch die Verantwortung für Fehlgelaufenes übernommen und mich mit einem Frieden, den er für sich erreichte, beschenkt hat. Der sehr bewußte Abschied, den er da und dort genommen, mag auch dem Ziel gedient haben, durch Dankbarkeit das Unausweichliche erträglicher zu machen.

All dieses kann verblassen und wird mit uns vergehen. Hoffnung auf Unvergänglichkeit gründet sich nur auf eines, zugleich das Ungreifbarste und am meisten Gefährdete: Wolfgang Lochs unbedingten Glauben, verstanden nicht als Dogma oder omnipotente Gewißheit, sondern als sittliches Gebot an die Freiheit und Unprädizierbarkeit des Subjektes. Er nannte sie Utopie,

---

[7] W. LOCH, 1994: Wie verstehen wir Fühlen, Denken, Verstehen? In: Jahrbuch der Psychoanalyse 32, 9–39 (frommann-holzboog), S. 34.

ja eine Fiktion, die aber durch ihre tätige Setzung vermehrt wird, wobei wir es aushalten müssen, nicht zu wissen, ob dies zum Guten oder zum Verderben führt. Dennoch glaubte er: »Zwischen Freiheit, der Vermehrung ihres Spielraums und Liebe, dem Eros, ergibt sich ein wechselseitiges Verhältnis«[8] In Abwandlung eines von ihm gebrauchten Wittgenstein-Zitates[9] können wir sagen: Wir haben nicht die Meinung, daß Wolfgang Loch eine unsterbliche Seele hat, aber unsere Einstellung zu ihm ist eine Einstellung zur Seele. In der Art und Weise, wie wir handeln und sprechen, kann diese Einstellung auf unsere Nachfahren übergehen, und wäre sie auch eines Tages nicht mehr mit seinem Namen verbunden.

---

[8] W. LOCH, 1986: Perspektiven der Psychoanalyse, S. 16.
[9] W. LOCH, 1991: Therapeutische Monologe – Therapeutik des Dialogs – Einstellungen zur Seele. In: Luzifer-Amor, Heft 8, S. 16.

MERVIN GLASSER, London

In this book we are paying tribute to a great man – more than a great scholar, more than a great psychoanalyst, he was a great man. The greatness of a man is denoted by the way he relates to his fellow-men and in this respect Wolfgang Loch stood supreme.

I remember when I first met him I was immediately impressed by his air of modesty almost to the point of being self-effacing and yet *he* facilitated our engagement and made *me* feel that I mattered. This was not simply the consequence of his benevolence – of which he had huge amounts – but of the genuine respect with which he regarded his fellows, a regard which grew out of his deep humanitarianism. His modesty was not self-demeaning, not a show of false humility: it was built on his depth of wisdom and a vision which recognised the limitations of human accomplishments. That is why it was no contradiction for one to feel in him both a modesty and a strength of self-confidence, an assuredness when he ventured into both the clinical and theoretical challenges of psychoanalysis.

Thus, in a clinical discussion he might introduce a point with a phrase like »If I may say so (...)« or »I believe (...)« or »In my opinion (...)« and then what followed would be a substantial thought-provoking comment or conceptualisation. Moreover, this was never destructive but served to promote the discussion. The contributions he made though informed by his incredible intellectual reservoir, always contained an implicit recognition of the individuality of the patient under discussion. He might add perspective by reference to a concept of Freud – or later psychoanalysts – or non-psychoanalytic thinkers, be they philosophers or poets – but the gist of the comment was always directed to the aspect of the clinical material which reflected the individuality of the patient. His respect for the individual was paramount whether it was in his clinical work or in his social relationships.

In the same way his theoretical views were put forward with a quiet modesty, an absence of self-admiring bombast, so much so that one might not in the first instance recognise the profundity of the thinking that underlay them. The contribution of his philosophical sophistication never lost itself in sterile abstractions but on the contrary reflected the fertility of his mind in examining established concepts for new implications or developing new concepts to assist in the understanding of psychoanalytical difficulties.

It seems to me that the particular intellectual skill Professor Loch had was to recognize the profundity contained in seemingly simple perceptions and to develop from these to psychoanalytic perspectives utilising his penetrating, far-reaching familiarity with psychoanalysis. For example, in his paper ›Changes in the nature of the training analysis and our expectations from it‹ in the IPA Monograph Series No. 4, in talking of the higher expectations of training than were formerly held, he states that »such expectations ... are ideals« and then goes on to add the apparently simple, self-evident comment that »every ideal is a fiction« – self-evident, that is, once it has been made evident! But then note how he develops from here: »Nevertheless« he goes on to state, »we cannot dispense with fictions when we do not renounce our belief in progress«.

»To my mind, [he continues] this postulation of fictions as aims to be striven after plays a role in stimulating the dynamics of the classical oedipal complex, i.e., by urging the training analysand to give up a position which hitherto has been a habitual one (...) [we become] frustrating objects, (...) »strangers« in comparison to the well known, the trustworthy object. Frustration then elicits aggression and castration anxiety (...) basically triangular and consequently oedipal conflicts are eventually engendered.«

His thinking would take us to rich and truly profound regions of thought on analytic matters. For example in his last paper, that which he intended to present in the coming IPA Congress in San Francisco, entitled *Psychic Reality – Material Reality – Genesis, Differentiation Synthesis*[1] [the translation was kindly made for me by Alex Holder] to the question ›How do we understand feeling, thinking, understanding?‹ he begins his answer with, again, a ›self-evident‹ observation: »»For life's sake‹ we are inextricably dependent on understanding, on communication.« He then develops this an a passage of such condensed profundity that it repays extensive study. He continues: »It follows that understanding has an essentially interpretative, i.e. constructive, quality. At the same time it becomes apparent that without constructions (or interpretations) there is nothing for us, in the sense of a ›mental‹, conscious recognition or awareness [of the other, the object]. What we call a beginning,

---

[1] Die Arbeit wurde in diesen Gedenkband aufgenommen.

a first something, is in itself always already a construction. And what has once been formed is experienced as unsatisfactory because it can never be perfect, and it will seek improvements, deeper understandings and will thus construct something new, will find new interpretations.

»So we are forced into the continuation of this path and have to say: In the not-understood, in what does not yet exist, lies the future. What we do not know, however, is whether what we build up in the long run serves to enrich life or will lead to its destruction. Being aware of this, we are at least protected against the hubris of the apodictic certain, in the name of which conscience and empathy (...) get subjected and destroyed; so that henceforth the most cruel and bloody crimes can be perpetrated without conscious guilt feelings.«

I have quoted Professor Loch at some length because it conveys to you and reminds you – better than any words of mine – of his superb qualities as a thinker and as a man, how even his most cerebral moments are pervaded by the spirit of his humanity.

It is to be regretted that he did not publish more papers in English not only because it would have made his contributions more accessible to a wider audience but also because it would surely have led to the wider international recognition that he deserved. But those who came into contact with his thinking were eager to get more from him as is evidenced by his highly successful visit to the United States which he regrettably was prevented from repeating by his illness.

Every group and every movement requires members who will uphold its moral values and insist on observance of ethical considerations. This was a further contribution of Wolfgang to the world of psychoanalysis: from him emanated a quiet but tensile, unfaltering commitment to truth and honesty both in the professional field and in his relationships with his colleagues. With this, of course, went people's conviction that he was absolutely reliable and trustworthy. His patients must have been very grateful for this.

We know that morality can be used to dominate, control and demand the negation of autonomy. But Wolfgang Loch's profound moral integrity was blended with an equally profound humanity and the result was the promotion of the individual or the idea with which he was engaging. I think it was this blend even more than his substantial intellectuality that made us love and respect him, that made him the great man he was and that brings us together to honour him today.

Just as a person's immortality is established through his children so Wolfgang Loch's immortality is established through those he taught and trained and analysed. His spirit is, I am sure, now in the genes of Tübingen psychoanalysis and has spread out from there.

There is much to remember about Wolfgang Loch with great tenderness. I think for example of his extreme benevolence which quietly imbued both social and professional relationships. I can still see before me his good-natured, friendly smile as he would engage in a most facilitating way in talk over coffee or while walking together. He would notice the physical discomfort of a colleague and do something about it, he would come to the aid of another colleague in discomfort in a professional context. He would meet with eminent analysts and in such meetings much heat could develop in the ongoing discussions but it was Wolfgang's intervention which would calm things down.

At the same time one never lost the sense of Wolfgang Loch's strength and courage. One could see it in his unfaltering championing of the truth and I am sure it showed itself in the inescapable struggles that went with his professorship and his dealing with the antagonists of psychoanalysis.

In paying tribute to Wolfgang Loch, he would consider it incomplete if this did not include the acknowledgement of the contribution of his wife, Mechtild, and their daughters. I have only met Mrs Loch once and then but briefly but I could recognize the deep harmony and mutual support between them. I felt strongly – this was later confirmed to me by those who knew them more intimately – that Mrs Mechtild Loch was a facilitating and enabling ingredient of her husband's life in all respects and that the love between them constantly warmed them both.

I not only feel deeply honoured to be present today, to be contributing to this Tribute to a great man; I also feel profoundly grateful to have been invited so that I am able to express how deeply loved and admired Wolfgang Loch was by those who knew him personally.

Professor Wolfgang Loch was a truly exceptional man: we know he can never be replaced and it will take us a long time to reconcile ourselves to the space he has left.

SAMIR STEPHANOS, Ulm

Vor fast 24 Jahren, am 21. Juli 1971, gab mir Wolfgang Loch die Gelegenheit, in Tübingen einen Vortrag zu halten. Ort der Veranstaltung war der Hörsaal der Nervenklinik. Ich war Gast der Abteilung für Psychoanalyse und der von Wolfgang Loch und seinen Kollegen im selben Jahr gegründeten Psychoanalytischen Arbeitsgemeinschaft Stuttgart-Tübingen. Der Vortrag diente dem Erwerb der ordentlichen Mitgliedschaft in der Deutschen Psychoanalytischen Vereinigung (DPV). Zum ersten Mal trug ich bei dieser Gelegenheit in der Öffentlichkeit das von mir entwickelte analytisch-psychosomatische Behandlungskonzept vor.

Die Einladung von Wolfgang Loch hat mein Leben persönlich und mich in meiner wissenschaftlichen Entwicklung entscheidend geprägt. Seit 1960 – aus Ägypten kommend – war ich in Deutschland als Arzt tätig. Ich hatte als Ausländer keine klare Orientierung und war bemüht, mich hier in den mir fremden Verhältnissen zurechtzufinden. Dieser Tag in Tübingen trug dazu bei, mir Deutschland als eine neue Heimat zu erschließen. Wolfgang Loch setzte sich für meine Anerkennung als Psychoanalytiker ein und machte es möglich, daß meine Forschungsarbeit in die wissenschaftliche Diskussion aufgenommen wurde. Unvergessen ist mir, daß Wolfgang Loch mir, dem jüngeren Kollegen, an diesem Abend seine Freundschaft anbot.

Als ich vor der Entscheidung stand, ob ich meinen Vortrag zur ordentlichen Mitgliedschaft bei Wolfgang Loch in Tübingen halten sollte, machten mich meine damaligen Institutskollegen in Gießen darauf aufmerksam, daß ich damit vielleicht Schwierigkeiten riskierte. Gerade bei dem orthodoxen Psychoanalytiker Loch könnte ich auf Skepsis und sogar auf Ablehnung stoßen. Ich wollte über mein Forschungsprojekt referieren, das sich mit einem speziellen Anwendungsbereich der Psychoanalyse – auf einer Modellstation – befaßte. Darf man die psychoanalytische Qualifikation beanspruchen, wenn man sich leistet, die Grenzen zu überschreiten und in den Bereich der Unanalysierbarkeit vorzudringen? Wie kann man von einem Setting sprechen, das eine therapeutische Familie zum Inhalt hat? Warum also ging ich zu Wolfgang Loch?

Meine erste Begegnung mit ihm datiert aus dem Jahre 1961. Ich traf ihn in einem Seminar in der Nervenklinik der Universität Frankfurt, wo ich als Assistent tätig war. In diesem Seminar, zu dem Vertreter von Psychiatrie und Psychoanalyse zusammenkamen, hatte ich Gelegenheit, über meine Arbeit mit jugendlichen Psychotikern zu sprechen. Ich habe in meiner Erinnerung einen nachhaltigen Eindruck von Wolfgang Loch behalten: seine freundliche Umgangsweise, die wohltuende Unvoreingenommenheit in seinen Ansichten, seine intelligenten und geduldigen Interventionen, die Intensität seines Daseins; alles machte ihn mir sofort sympathisch.

Einige Monate später besuchte ich ihn in Frankfurt in dem Haus, wo er gerade zusammen mit Hermann Argelander das psychoanalytische Institut provisorisch eingerichtet hatte. Ich suchte damals einen Analytiker für meine Lehranalyse. Ich sprach mit Wolfgang Loch und war wiederum von seiner natürlichen Freundlichkeit und seiner Güte beeindruckt, aber auch enttäuscht, als er mir eröffnete – sehr entschieden –, daß er in absehbarer Zeit keine Chance sah, mich in Analyse zu nehmen. Er verabschiedete sich von mir mit den Worten: »Wir werden weiterhin voneinander hören. Es ist gut, daß Sie diesen Weg einschlagen wollen«. Er hatte mich mit seiner herzlichen Zuwendung aufs neue gewonnen. Ich fühlte mich nicht mit leeren Worten vertröstet. Ich spürte: sein Verständnis für mein Anliegen war aufrichtig. Wolfgang Loch faszinierte mich. Ich begann, mich in seine Werke einzuarbeiten. Schon in den Jahren meiner psychoanalytischen Ausbildung ließ ich mich in seine unermüdliche Suche nach der Wahrheit verwickeln. Ich wollte ihn verstehen, ihn als Mensch entdecken hinter seinen Texten. Ich lernte den deutschen Gelehrten kennen, er erfaßte genau das Wesen seines Patienten, dessen Hoffnungslosigkeit, dessen Bedürfnis nach Liebe, dessen Angst vor der Vernichtung. Ich realisierte das Engagement des Autors. Er war der leidenschaftliche Advokat des schmerzgeplagten Menschen, der in der Hölle des Bösen gefangen ist.

Die Zeit kam, in der ich mich um die ordentliche Mitgliedschaft in der DPV bewerben wollte. Ich war überzeugt, Wolfgang Loch würde meine Arbeit mit Schwerkranken richtig einschätzen. Mir war wichtig, den Dialog mit ihm aufzunehmen. Ich vertraute mich ihm an und fragte ihn, ob ich bei ihm den vorgeschriebenen Vortrag halten durfte. Ohne zu zögern, legte er das Datum für den Juli 1971 fest.

Am Tag meines Vortrags erlebte ich Wolfgang Loch in seiner differenzierten Persönlichkeit und in seiner menschlichen Größe; es war eine Begegnung, die sich mir dauerhaft einprägte. Er empfing mich im Vorraum des

Hörsaals. Ich stand ihm gegenüber, er war zugewandt, freundlich, aber doch ernst in seiner ganzen Haltung. Etwas nervös schaute er auf seine Uhr: »Wir müssen rein. Es ist Zeit.« Er faßte mich am Arm, eine Geste, die mich stärkte. Er führte mich in den Hörsaal, zum Rednerpult, der Saal war gut besetzt. Er nickte den Leuten zu, die er kannte. Ich war beeindruckt von seiner natürlichen Eleganz, von seiner Art, die Szene zu betreten und sich im Raum zu bewegen, dezent, diskret. Ein einfacher Mensch in schlichter Kleidung, eine charismatische Erscheinung, sehr publikumsnah. Ich fühlte mich neben ihm sicher.

Wolfgang Loch stellte mich in einer kurzen Ansprache vor. Er erteilte mir das Wort, nahm dann Platz, in der Nähe des Rednerpults. Er lehnte sich zurück, gelassen und konzentriert. Während des Vortrags behielt ich ihn in meinem Blickfeld, ich stützte mich auf den aufmerksamen und wohlwollenden Zuhörer. Gelegentlich machte er sich seine Notizen. Wolfgang Loch, der Schüler und Freund von Balint: er hört zu, er trägt, er fördert, kritisch und generös.

Seine Souveränität zeigte er gerade während der Diskussion im Anschluß an den Vortrag. Er hatte, wie wir alle wissen, eine große Begabung zu moderieren. Kaum hatte ich meinen Text zu Ende gelesen, sprang er auf, um die Meldungen aus dem Publikum entgegenzunehmen. Wolfgang Loch gestaltete einfühlsam und dezidiert den Raum des gedanklichen Austausches. Wie ein Dirigent konnte er die Voten der Zuhörer und die Antworten des Vortragenden aufeinander abstimmen. Er animierte das Geschehen mit seinen treffsicheren, humorvollen Zwischenbemerkungen. Seine schwungvollen, schnellen Handbewegungen bestimmten den Takt des Wortwechsels. Er steuerte die Richtung, ohne daß sich einer bedrängt fühlte. Er prägte durch seine Großzügigkeit die entspannte Atmosphäre, die man für die freie Meinungsbildung braucht. Bei nicht wohlmeinender Kritik war er empfindlich. Er bemühte sich, eine ihm auftauchende Irritation rasch zu kontrollieren, vor allem besorgt, daß man seinen Gast nicht verletze. Er lächelte versöhnlich, wenn die Ordnung wieder hergestellt war.

Ich habe an diesem Tag deutlich das Besondere in der Persönlichkeit des Wolfgang Loch wahrgenommen, die subtile Mischung von Eigenschaften, die eigentlich als entgegengesetzt gelten: einerseits eine große Ruhe, Sanftmut, Toleranz, eine tiefliegende Verletzbarkeit, andererseits eine Energie, eine Kraft, die als außergewöhnlich auffällt, sichtbar in der Klarheit des Wortes, in der Intensität des Blickes.

Am Ende der Veranstaltung entschuldigte er sich bei mir, daß er noch eine

Arbeit zu erledigen habe. Er ging mit schnellen Schritten von mir weg, in seine Gedanken versunken. Ich stand ganz unter dem Eindruck des Charmes, der von Wolfgang Loch ausging.

Am Abend dieses Tages hat er mich zu sich nach Hause zum Essen eingeladen. Ich lernte ihn jetzt im Kreis seiner Familie kennen, an der Seite seiner Frau Mechtild und seiner drei Töchter. Wolfgang – ein zugewandter Ehemann und Vater, ein Patriarch, ein entspannter und verhaltener Gastgeber. Bei Tisch sprach er über die Psychoanalyse und über die Probleme der psychoanalytischen Institutionen und über seine eigene wissenschaftliche Arbeit. Er sprach zu mir offen und locker und schien den Altersunterschied zwischen uns vergessen zu haben. Er machte mich zum Zeugen wichtiger Ereignisse, die ihn beschäftigt hatten und die ihm in die Erinnerung kamen. Seine Erzählungen wirkten auf mich so, als ob ich bei all diesen Ereignissen damals dabeigewesen wäre. Ich war emotional involviert; er fesselte mich durch die Leidenschaft seines Diskurses, durch seine kompromißlose Argumentation für die Freudianische Lehre. Ich spürte, daß seine Familie, die schweigend zuhörte, ihm seine Inspiration gibt und daß er unter den Seinen die Kraft für seine Arbeit und seinen unermüdlichen Einsatz findet.

Im Laufe des Gesprächs erwähnte er flüchtig seine Beziehung zu seinem früheren Chef Alexander Mitscherlich. Er deutete den Konflikt an, die Enttäuschung, die er erlebt hatte; ich verstand, daß seine damalige Entscheidung, 1964 von Frankfurt wegzuziehen und nach Tübingen zu gehen, ihm nicht leichtgefallen war. Sein Gesicht verriet die Spannung, die er noch nicht abgestreift hatte. Er sagte, er habe kürzlich Alexander Mitscherlich zu einem Vortrag nach Tübingen eingeladen. Alles sei gut gegangen und der Streit sei aus der Welt geschafft. Im nachhinein erkannte ich: Wolfgang Loch war auf liebenswerte Weise ein scheuer Mensch, der auf zärtliche Zuwendung angewiesen war, er war ja auch ein Realist, der genau wußte, daß man im Leben unvermeidlich in seinem Bedürfnis nach menschlicher Wärme irgendwann enttäuscht wird. Er tat immer alles, um dem drohenden Bruch in den bestehenden Kontakten entgegenzutreten, um seine herzliche Beziehung zu den anderen vor gefährlichen emotionalen Überreaktionen zu schützen. Er hatte sich selbst eine versöhnliche Haltung abverlangt. Das Böse gehört zum Leben, doch unbeugsam muß der Mensch für die gute Beziehung zum anderen eintreten.

Als wir nach dem Abendessen vom Tisch aufstanden, sprach mich Wolfgang an, daß er mich jetzt als einen Freund von ihm und seiner Familie betrachten möchte. Sein fester Händedruck, als er mich verabschiedete, bestätigte sein Wohlwollen mir gegenüber. Wolfgang Loch hielt sein Wort: unsere Beziehung entwickelte sich in den folgenden Monaten bis zu einer Duzfreundschaft.

Wolfgang Loch stand seinen Freunden stets zur Seite, unbestechlich in seiner Loyalität ihnen gegenüber, zugleich beständig in seinen Erwartungen an sie, der gemeinsamen Sache, der Psychoanalyse zu dienen. Unsere Freundschaft erfüllte mich; meine Beziehung zu Wolfgang Loch, dem stringenten Analytiker, verpflichtete mich, ihm zu folgen, manchmal bis an den Rand meiner inneren Revolte. Ich wehrte mich, wenn der Lehrer wie selbstverständlich unbeirrbar das Format und die Autorität des Gesetzgebers übernahm. Ich fühlte mich besonders überfordert, wenn er mich mit seinen pessimistischen Visionen konfrontierte. Seine Witterung für das Böse löste in mir trotziges Unbehagen aus. Lange dauerte es, bis ich verstand, daß die Skepsis, die ihm eigen war, Ausdruck seiner Sorge um die Seinen, um die Freunde und um die Psychoanalyse gewesen ist.

Am 18. Mai 1978 schrieb mir Wolfgang Loch einen Brief, um mir für meinen Ruf nach Ulm zu gratulieren. Daraus eine Passage:

»Bleib auch gesund und munter, und das trotz aller Gegner, die Du hast und haben wirst. Such is life and it's inavoidable. Im übrigen: Nach dem Siege binde den Helm fester.«

In unseren darauffolgenden Gesprächen wiederholte er mehrmals diese Worte. Habe ich ihnen genügend Rechnung getragen? Es sind die Worte eines weisen und echten Freundes, es sind die Ermahnungen des lebenserfahrenen Menschen. Wolfgang Loch hat mich in seiner Weitsicht vor den Risiken des Lebens warnen wollen.

Darf ich auf eine mich persönlich betreffende Episode aus der Mitte der 80er Jahre hinweisen? Wolfgang Loch bezog mutig für mich Stellung in einer standespolitisch und gesellschaftlich schwierigen Situation. Er hat es gewagt, für den Freund einzutreten und ihm großzügig seine Unterstützung zukommen zu lassen. Er ließ mich nicht allein, obwohl er auch durch manche unberechenbare Affekte meinerseits herausgefordert und irritiert war. Ich bin ihm dankbar dafür.

In letzter Zeit habe ich mich mit dem irischen Dichter und Dramatiker Samuel Beckett beschäftigt und stieß dabei auf ein Wort, das ich gerne zitieren möchte:

»Da, wo wir gleichzeitig Dunkel und Licht haben, da haben wir auch das Unerklärliche.«

Das Unerklärliche ist der Tod, und in diesem Sinne nehmen wir Abschied vom Freund Wolfgang Loch. Wir behalten ihn in unserem Herzen.

CARL NEDELMANN, Hamburg

In memoriam: für Wolfgang Loch[1]

»Auf Ihre Anfrage, wertester Herr Cotta, ob man nicht unserem Schiller ein Trauerdenkmal (...) setzten sollte, kann ich gegenwärtig nur so viel sagen (...): Nach meiner Überzeugung soll die Kunst, wenn sie sich mit dem Schmerz verbindet, denselben nur aufregen, um ihn zu mildern und in höhere tröstliche Gefühle aufzulösen; und ich werde in diesem Sinne weniger das, was wir verloren haben, als das, was uns übrigbleibt, darzustellen suchen.«   *(Goethe an Cotta am 1. Juni 1805)*

»Ich soll hier vom Bruder reden, den (...) meine Augen nicht mehr erblicken, der doch nachts im Traum, ohne alle Ahnung seines Abscheidens, immer noch neben mir ist. Ihm zum Andenken niedergelegt sei denn ein Gebund Erinnerungen, die sich aber, wie man in diesem Kreise erwarten wird, fast nur auf seine wissenschaftliche Tätigkeit erstrecken.« *(Jacob Grimms Gedenkrede auf seinen Bruder Wilhelm in der Königlichen Akademie der Wissenschaften zu Berlin am 5. Juli 1860)*

Wolfgang Loch, geboren am 10. Mai 1915 in Berlin, ist am 7. Februar 1995 in Rottweil gestorben. Ich kannte ihn als Student in der Vorlesung, als Kandidat der psychoanalytischen Ausbildung in der Kontrollanalyse, als Oberarzt in der von ihm geleiteten Abteilung, als Kollege in freundschaftlicher Nähe, der gleichwohl nie aufgehört hat, sein Schüler zu sein.

Er hatte Witz und Humor, war mitmenschlich gesinnt und abgründig gescheit. Er liebte exzentrische Positionen. Er traute sich an die kompliziertesten Sachverhalte heran und mutete sie seinen Lesern zu. Aber im klinischen Alltag war er bekannt für die einfachsten Sätze. Er war ein Mann der Theorie und der Praxis, wohlwollender Arzt und akademischer Lehrer, dem die Tü-

---

[1] Geringfügig überarbeitete Fassung der Gedenkrede in der Mitgliederversammlung der Deutschen Psychoanalytischen Vereinigung in Heidelberg am 25. Mai 1995.

binger Universität einen Lehrstuhl für Psychoanalyse eingerichtet hat. Er war mit wesentlichen Beiträgen an der Entwicklung der Methode der Balint-Gruppe beteiligt.[2] Er war Gründungsmitglied und Gründungsvorsitzender der Psychoanalytischen Arbeitsgemeinschaft Stuttgart-Tübingen. Er war mehr als zwanzig Jahre an der Schriftleitung des Jahrbuchs der Psychoanalyse beteiligt. Er war – hier besonders hervorzuheben – prägendes Mitglied der DPV, 1972 bis 1975 ihr Vorsitzender, seit 1990 ihr Ehrenmitglied, stets darauf bedacht, daß die Sache bereichert werde und die Verbindung zur Internationalen Psychoanalytischen Vereinigung, in deren Vorstand er als Vizepräsident und als Sekretär für Europa saß, gedeihe.

Denn Loch hatte, als er 1947 aus der Kriegsgefangenschaft nach Berlin zurückgekehrt war und die Werke Freuds nicht mehr im Giftschrank standen, sondern wieder zugänglich waren, zunächst – und zwar aus der Position eines Internisten, Neurologen und Psychiaters – eine Psychoanalyse kennengelernt, die »eng« geworden war: »Sie hatte den Anschluß an die Freudsche Bewegung, die sich in den westlichen Ländern entfaltet hatte, verloren«. Angesichts dieses Umstandes sah es Loch als »einen historischen Schritt ersten Ranges«, daß es in Berlin gelang, die DPV als Zweig der IPV im Jahre 1950 zu gründen.[3] Der zweite Schritt, der Psychoanalyse wieder Geltung zu verschaffen, verband sich vor allem mit den Orten Heidelberg und Frankfurt a. M., wo Loch acht Jahre lang, von 1956 bis 1964 Assistent und Mitarbeiter Alexander Mitscherlichs war. Darüber schrieb er im Rückblick, »daß es m. E. hier war, wo die ungeschmälerte, unabgeschwächte Psychoanalyse Freuds in der BRD wiedergeboren wurde«.[4] Man beachte übrigens, daß Loch bis zur Aufhebung der Teilung Deutschlands »stets BRD gesagt bzw. geschrieben« hat. Redaktionelle Eigenmächtigkeit, die einen Vortrag von ihm unter dem Titel »Alexander Mitscherlich und die Wiedergeburt der Psychoanalyse in Deutschland«[5] publizierte, nannte er in seiner höflichen Form »irrtümlich«.[6] Was für ihn in Heidelberg und Frankfurt begann, setzte er ab 1964 in Tübingen fort, und schon zu Lebzeiten festigte sich der Ruf, er sei der bedeutendste

---

[2] W. LOCH, 1995: Theorie und Praxis von Balint-Gruppen. Gesammelte Aufsätze. edition diskord, Tübingen
[3] W. LOCH, 1983: Alexander Mitscherlich und die Wiedergeburt der Psychoanalyse in Deutschland. Psyche 37, S. 339.
[4] W. Loch, 1986: Psychoanalyse unter Hitler – Psychoanalyse heute, Psyche 40, S. 430.
[5] AaO., siehe Anm. 3.
[6] AaO., siehe Anm. 4, S. 430 Fußnote.

Theoretiker der Psychoanalyse in deutscher Sprache in der zweiten Hälfte unseres Jahrhunderts.

Basis seiner Tätigkeit, die an Freuds Junktim von Forschen und Heilen festhielt, wurde ihm die in London entwickelte Objektbeziehungstheorie. In Beziehungen zu denken, die Übertragung nicht als einseitigen Vorgang anzusehen, sondern die Gegenübertragung stets gleichermaßen zu beachten, das klingt heute selbstverständlich, aber das war es nicht, als Loch die psychoanalytische Bühne betrat. Er hatte solches Denken in »Deutschland«, wie wir mittlerweile wieder sagen dürfen, eingeführt. In den Konsequenzen, die sich aus der Objektbeziehungstheorie ergaben, sah er die vorgeschobenen Positionen der Psychoanalyse, aber er begnügte sich nicht damit, die Werke von Melanie Klein, von Winnicott, von Michael Balint und von Bion zu rezipieren, vielmehr verknüpfte er deren Gedanken mit den Werken Freuds, die seine unaufhörliche Aufmerksamkeit fanden, wovon allein seine fast unbändige Zitierlust zeugt. Selbstzweck war das nicht. Ihm lag daran, die Theorie der Psychoanalyse als Ganzes wiederherzustellen, in der Aneignung die Tradition mit der Weiterentwicklung zu verknüpfen. Von Michael Balint, der erst sein Mentor und dann sein Freund war, sagte er, er sei besonders stolz darauf gewesen, keine Schule begründet zu haben, und wie er es sagte, machte deutlich, daß er hoffte, dasselbe möge von ihm gelten.

Als Voraussetzung der psychoanalytischen Behandlungstätigkeit zitierte er gern in leichter, aber den Sinn treu festhaltender Modifikation aus der »Traumdeutung«,[7] daß alles, was der Patient berichtet, »im Zusammenhang mit seinem Krankheitszustande und mit meiner Person steht«. Und das Behandlungsziel machte er gerne an Freuds Fußnotenbemerkung fest, die lautet, daß »die Wirkung der Analyse (...) dem Ich des Kranken die Freiheit schaffen soll, sich so oder anders zu entscheiden«.[8] Was dem Patienten galt, galt auch ihm. Der Pflicht, den Patienten zu verstehen, fügte er das »Erkenne dich selbst« hinzu. Doch achtete er darauf, daß die Respektierung von Grenzen und die Vorläufigkeit der Erkenntnis dem Bewußtsein erhalten bleiben. So wandte er sich im Hörsaal der Tübinger Universitäts-Nervenklinik, wo seine Vorlesung am Freitagabend zur Institution geworden war, an seine Hörer und fragte, »wissen Sie auch, was auf der Rückseite des Säule im Apollonheiligtum in Delphi, auf welcher dieses ›Erkenne dich selbst‹ eingemeißelt

---

[7] S. Freud, 1900a: Die Traumdeutung. G. W. II/III, S. 537.
[8] S. Freud, 1923b: Das Ich und das Es. G. W. XIII, S. 280.

war, steht?« Keiner wußte es. »Es stand dort«, antwortete er auf die selbst gestellte Frage: »›aber nicht zuviel‹«.

Die Einsicht in die Respektierung von Grenzen und die Vorläufigkeit unseres Tuns verbindet sich bei ihm mit der Überzeugung, daß der psychischen Wirklichkeit »dieselbe Dignität«[9] zukommt wie der materiellen Wirklichkeit. Daher gilt: »›Um willen des Lebens‹ sind wir unausweichlich auf Verstehen, auf Verständigung angewiesen«.[10] Dies beginnt bei der Wahrnehmung. »Kant«, schrieb Freud, habe uns »gewarnt«, »die subjektive Bedingtheit unserer Wahrnehmung nicht zu übersehen und unsere Wahrnehmung nicht für identisch mit dem unerkennbaren Wahrgenommenen zu halten, so mahnt die Psychoanalyse, die Bewußtseinswahrnehmung nicht an die Stelle des unbewußten psychischen Vorganges zu setzen, welcher ihr Objekt ist. Wie das Physische, so braucht auch das Psychische nicht in Wirklichkeit so zu sein, wie es uns erscheint«.[11] Diese Überlegung hatte Freud dazu geführt, von der Deutung zu sagen, »Konstruktion ist die weitaus angemessenere Bezeichnung«[12] dafür. »Daraus folgt«, setzte Loch fort, »daß Verstehen essentiell interpretativen, respektive konstruktiven Charakter hat. (...) Was wir Anfang (...) nennen, ist seinerseits schon immer Konstruktion. Und was einmal gebildet, erfährt, weil nie vollkommen, seine Unzulänglichkeit, wird (...) tieferes Verstehen suchen und also Neues konstruieren, neue Interpretationen finden«.[13]

Hier wird die Bemühung deutlich, was uns als Objektivität erscheint, als Konstruktion der Wirklichkeit zu begreifen. Damit stellt sich die Frage nach der Wahrheit, die Loch konsequenterweise nach zwei Richtungen hin, die jedoch eine innere Einheit bilden, verfolgt hat. Zum einen sucht er die Nähe der Psychoanalyse zur Philosophie. Seinen letzten Vortrag hat er vor Philosophen gehalten.[14] Zum andern würde ein Konstruktivismus, der nicht »über

---

[9] W. LOCH, 1988: Rekonstruktionen, Konstruktionen, Interpretationen: Vom »Selbst-Ich« zum »Ich-Selbst«. Jahrbuch der Psychoanalyse 23, S. 52.
[10] W. LOCH, 1994: Wie verstehen wir Fühlen, Denken, Verstehen? Jahrbuch der Psychoanalyse 32, S. 34.
[11] S. FREUD, 1915e: Das Unbewußte. G. W. X, S. 270.
[12] S. FREUD, 1937d: Konstruktionen in der Analyse. G. W. XVI, S. 47.
[13] aaO., siehe Anm. 10.
[14] W. LOCH, 1995: Zeichen – Deuten – Handeln. Ein klinisch-theoretischer Beitrag aus psychoanalytischer Sicht. In: J. SIMON (Hrsg.): Zeichen und Interpretation II. Distanz im Verstehen. Suhrkamp, Frankfurt a.M., im Druck.

sinnliche Wahrnehmungen«[15] konstruiert wäre, in die Irre führen. Es ist darauf hinzuweisen, »daß die Garantie für die Existenz eines vorgestellten Objektes darin besteht, daß es ›draußen wieder zu finden‹ ist (1925, XIV, 14)«.[16] Insoweit sind die psychoanalytischen Konstruktionen zugleich – »oder, wenn man es so lieber hört«[17] – Rekonstruktionen. Sie bringen, schrieb Freud, »ein Stück verlorengegangener Lebensgeschichte« wieder, ein »Stück historischer Wahrheit«, einen »Wahrheitskern«, dessen »Anerkennung (…) einen gemeinsamen Boden finden« läßt, »auf dem sich die therapeutische Arbeit entwickeln kann«.[18] Der Wahrheitskern, führte Loch den Gedanken weiter, »betrifft ein real-existierendes Objekt, i.e. etwas, das der Außenwelt zugehört«. Und mit schärferer Betonung, als es im Freudschen Text erscheint, fügte er hinzu, daß der »›Wahrheitskern‹ … ›Anerkennung‹ notwendig hat«; »denn«, so folgerte er, »nur unter diesen Umständen gibt es ›einen gemeinsamen Boden‹ (…) für ›die therapeutische Arbeit‹«.[19]

»Nicht allerdings wissen wir«, fuhr er an anderer Stelle fort, »ob das, was wir erbauen, (…) uns der Mehrung des Lebens dient oder dessen Destruktion herbeiführen wird. Dies bedenkend, sind wir wenigstens von der Hybris der apodiktischen Gewißheit geschützt, in deren Namen zuerst das Gewissen (…) unterworfen und vernichtet wird, so daß dann die grausamsten und blutigsten Verbrechen hinfort ohne bewußte Schuldgefühle begangen werden können«.[20]

Die theoretische Erörterung reflektierte zugleich die innere Möglichkeit der Verbrechen dieses Jahrhunderts, die auch sein Leben berührt haben. Zu seinen frühesten Kindheitserinnerungen, exakt auf zweieinhalb Jahre datiert, gehört der Anblick der weinenden Mutter, die soeben die Nachricht empfangen hatte, daß sein um 17 Jahre älterer Bruder Hans in Flandern gefallen war. Der nationalsozialistischen Zersetzung der Kultur und der Menschenrechte hielt er gedanklich und handelnd stand; in Berlin unter Christen und Juden gleichermaßen aufgewachsen, hielt er es wie sein liberaler Vater mit »Nathan

---

[15] W. LOCH, 1995: Psychische Realität – Materielle Realität. Genese – Differenzierung – Synthese. Jahrbuch der Psychoanalyse; aufgenommen in diesen Gedenkband.
[16] aaO.
[17] aaO., siehe Anm. 12, S. 45.
[18] aaO., S. 54–56.
[19] aaO., siehe Anm. 15.
[20] aaO., siehe Anm. 10.

dem Weisen« und rechnete sich nach kritischer Distanzierung von katholischen Dogmen zu den Freidenkern. Am 30. August 1939 wurde er zum Militär eingezogen und bald danach als Truppenarzt eingesetzt. 1947 kehrte er aus der Kriegsgefangenschaft zurück. Außer den Gaskammern hatte er alles gesehen, was jene Jahre an Grausamkeit boten, und was er erlebte, wurde für ihn einer der vorrangigen Gegenstände lebenslangen Nachdenkens. Es durchzieht sein gesamtes Werk. Wir wissen es auch aus vielen Gesprächen, und Freunde aus anderen Ländern berichten, er sei immer wieder darauf zurückgekommen. Auch unter diesem Blickwinkel wird es verständlich, daß er in Melanie Kleins Konzeption der depressiven Position den größten Fortschritt sah, der über Freuds Konzept des Ödipuskomplexes hinaus gelang.

Tätig bis zuletzt hatte er gerade noch die Fahne einer in seiner üblichen Weise weit ausholenden Arbeit für das nächste Jahrbuch korrigieren können. Dann sagte er seiner Frau, damit sei sein Lebenswerk abgeschlossen. Diese Arbeit trägt den Titel: »Psychische Realität – materielle Realität. Genese – Differenzierung – Synthese«. Sie endet, wie wir es von ihm kennen, in der Verschränkung seiner Gedanken mit Freud.

Wolfgang Loch hielt dafür: »Ein Denken und Handeln könnte möglich werden, das erlaubt, daß der eine dem anderen das Seinige gönnt, Grundlage für ein verträgliches Leben der Menschen untereinander«.[21] Eine solche Zielvorstellung nannte er mit Kant einen »focus imaginarius«.[22] Er liebte diesen Begriff,[23] und es hat offensichtlich auch einen biographischen Bezug, daß er zu allerletzt darauf zurückkam.[24] Er sah im focus imaginarius »eine Idealfik-

---

[21] aaO., siehe Anm. 15.
[22] I. KANT, 1781: Kritik der reinen Vernunft. A. 644: »die transzendentalen Ideen ... haben (...) einen vortrefflichen und unentbehrlich notwendig regulativen Gebrauch, nämlich den Verstand zu einem gewissen Ziel zu richten, in Aussicht auf welches die Richtlinien aller seiner Regeln in einen Punkt zu zusammenlaufen, der, ob er zwar nur eine Idee (focus imaginarius), d. i. ein Punkt ist, (...) dennoch dazu dient«, den Verstandesbegriffen »die größte Einheit neben der größten Ausbreitung zu verschaffen.«
[23] Vgl. W. LOCH, 1976: Ästhetik – Therapeutik – Urteilskraft. Über einen Zusammenhang zwischen Psychoanalyse und Philosophie. In: Perspektiven der Psychoanalyse. Hirzel, Stuttgart 1985, S. 289; und (1993): Deutungs-Kunst. Dekonstruktion und Neuanfang im psychoanalytischen Prozess. edition diskord, Tübingen, S. 43 u. 43 Fußnote.
[24] W. LOCH, 1992: Mein Weg zur Psychoanalyse. Über das Zusammenwirken familiärer, gesellschaftlicher und individueller Faktoren. In: L. H. HERMANNS (Hrsg.),

tion, deren volle Realisation (...) immer wieder scheitern wird«.[25] Zur Begründung solchen Scheiterns verwies er auf Freuds Entdeckungen der Unzerstörbarkeit der unbewußten Wünsche[26] und der konstitutionellen Neigung zur Aggression[27] und fügte als weiteren Grund die »Unmöglichkeit, zukünftige akzidentielle Faktoren vorauszusehen« hinzu. »Doch der wäre töricht zu nennen«, so schließt die Überlegung, »der ›foci imaginarii‹ nicht im Auge behielte, und zwar gerade auch dann, wenn er zu wissen glaubt, daß kein einzelner sie je wird erreichen können«.[28]

Psychoanalyse in Selbstdarstellungen I. edition diskord, S. 209: Der Bruder Hans »hinterließ mir ... eine im Reclam-Verlag (Leipzig) erschienene Ausgabe der ›Kritik der reinen Vernunft‹. ... Dieser Band liegt seit langem ständig griffbereit an meinem Arbeisplatz«.

[25] aaO., siehe Anm. 15.
[26] aaO., siehe Anm. 7, S. 558, 583.
[27] S. FREUD, 1930a: Das Unbehagen in der Kultur. G. W. XIV, S. 503.
[28] aaO., siehe Anm. 15.

Durchdenken

Philosophie der Deutungs-Kunst
Wolfgang Loch zum Gedenken

JOSEF SIMON, Bonn

I.

Kant bezieht sich auf Aristoteles, wenn er sagt: »*Wenn wir wachen, so haben wir eine gemeinschaftliche Welt, träumen wir aber, so hat ein jeder seine eigne.*« Er möchte diesen Satz aber umkehren und »sagen können: wenn von verschiedenen Menschen ein jeglicher seine eigene Welt hat, so ist zu vermuthen, daß sie träumen«.[1] Die Umkehrung entspricht in dieser frühen Schrift schon der späteren transzendentalphilosophisch »veränderten Methode der Denkungsart«: Es wird nicht mehr von einem »(vor)gegebenen«, »seienden« Unterschied zwischen Wachen und Träumen oder Wahrheit und Illusion ausgegangen, sondern von der Erfahrung, daß bestimmte Menschen zuweilen in einer eigenen Welt eingeschlossen zu leben scheinen. Kant spricht von ihnen auch als von *»logischen Egoisten«*, die es für »unnöthig« halten, ihr »Urtheil auch am Verstande Anderer zu prüfen«[2] um dadurch *kommunikabel* zu bleiben.

Ganz offensichtlich *sollen* wir nach Kant keine »logischen Egoisten« sein. Er versteht die »Kommunikabilität« als sittliche Pflicht. Die Erscheinungen des Traumes gehören für ihn deshalb auch nicht generell zu »dem Felde einer *pragmatischen* Anthropologie«, »denn man kann aus diesem Phänomen keine Regeln des *Verhaltens* im Zustande des Träumens ziehen«. Verhaltensregeln beziehen sich notwendig auf den *wachen* Zustand als das Feld der *Handlungen* und damit auch der Sittlichkeit. Rückschlüsse aus Träumen auf sittliche Einstellungen sind nach Kant »der Erfahrung zuwider und grausam«. Dennoch wird der Traum positiv gewertet als »eine natürliche, obzwar unwillkürliche Agitation der inneren Lebensorgane durch die Einbildungskraft«. Seine »wohlthätige Wirkung« beruht darauf, »daß bei weitem die mehrsten Träume Beschwerlichkeiten und gefahrvolle Umstände enthalten:

---

[1] I. KANT, Träume eines Geistersehers, erläutert durch Träume der Metaphysik, Akademieausgabe (AA) II 342. – Bei diesem Zitat, das Kant hier Aristoteles zuschreibt, handelt es sich um ein Fragment Heraklits (vgl. die Anm. AA II, 502).
[2] I. KANT, Anthropologie in pragmatischer Hinsicht, AA VII 128.

weil dergleichen Vorstellungen die Kräfte der Seele mehr aufreizen, als wenn alles nach Wunsch und Willen geht«.³ Der Traum ist demnach eine natürliche »Agitation« gegen den »Egoismus«. Er wirkt gegen festgefahrene Muster der Erfahrung.

Wie gesagt geht Kant im bewußten Gegensatz zur Metaphysik nicht von einem als *seiend* »vorgegebenen« Unterschied zwischen Wachen und Träumen aus. Ein Kriterium für diese Unterscheidung könnte nur in dem »Zustand« gegeben sein, der sich zuvor schon *selbst* als »wachen« Zustand und als die »wahre Sicht« bestimmte, man könnte ebensogut auch sagen: »erträumte«. Für Kant ist deshalb die (sittliche) *Unterscheidung* zwischen »gemeinschaftlicher« und »eigener« Welt das wahre Kriterium. Sie orientiert sich an *einer Kategorie des Verstandes,* die sich in der »Tafel der Kategorien« als die urteilsbildende Entgegensetzung von »Dasein« und »Nichtsein«⁴ findet und letztlich *praktische* Bedeutung hat: *Ich* bilde mir mein Urteil, d.h.: ich sehe meine mir jetzt gegebene Anschauung »als bestimmt« an und verlasse mich im Handeln darauf, daß es auch so ist, wie ich es mir jetzt denke. Mein Handeln aber muß ich vor mir und vor anderen verantworten und mit ihm auch die ihm zugrundegelegte Urteilsbildung.

»Denken« ist damit für Kant wesentlich »Selbstdenken« angesichts des Denkens anderer und ihrer »fremden Vernunft«.⁵ Die Maxime, jederzeit selbst zu denken, ist die *Aufklärung.* »Das ist nichts anderes als »sich selbst fragen: ob man es wohl thunlich finde, den Grund, warum man etwas annimmt (...), zum allgemeinen Grundsatze seines Vernunftgebrauchs zu machen«. Es geht bei dieser »*Selbsterhaltung* der Vernunft«⁶ um die Frage, ob die (subjektive) Maxime des Fürwahrhaltens zugleich »zum allgemeinen Grundsatze« des Vernunftgebrauchs gemacht werden kann, d.h. ob die *Handlung des Fürwahrhaltens* dem »kategorischen Imperativ« entspricht, so daß es damit *ethisch* gerechtfertigt wäre. Denn darin gründet zuletzt die »Objektivität« des jeweils gebildeten Urteils; der *ethische Gesichtspunkt* entzieht es der Beliebigkeit. »Aufklärung« als das Ziel der Kritik ist die Sittlichkeit im Fürwahrhalten in Beziehung auf die subjektiven Grundsätze (Maximen), an denen es sich im einzelnen Fall ausrichtet. »Aufgeklärt seyn heißt:

---

3   Ebd. 189f.
4   I. KANT, Kritik der reinen Vernunft B 106.
5   Zu diesem Begriff vgl. u.a. AA II 349, III 532, 541, VII 200, 202, VIII 182, IX, 441.
6   I. KANT, Was heißt: Sich im Denken orientieren? AA VIII 146f., Anm.

selbst denken, den (obersten) Probirstein der Warheit in sich selbst suchen, d.i. in Grundsätzen« als dem »Grund des Vorwarhaltens; denn ich muß es verantworten«.[7]

Kant unterscheidet drei Modi des »Fürwahrhaltens«, das »Meinen«, das »Glauben« und das »Wissen«.[8] In jeder »Darstellung« der *eigenen* Urteilsbildung gegenüber *anderen* Personen müssen diese Modi *mitdargestellt* sein, denn dadurch ist ausgedrückt, als wie »fest« das Fürwahrhalten sich selbst gegenüber *anderem* Fürwahrhalten versteht. Wenn man sagt, daß man etwas nur »meine«, ist mitbedeutet, daß man für sein Urteil keinen hinreichenden Grund beansprucht. Man stellt es nur einmal so hin und bleibt darin *kommunikabel*. – Man »glaubt« dagegen etwas, wenn man sich um der eigenen Orientierung im Handel willen »genötigt« sieht, zu einem vorläufig abschließenden Urteil über etwas zu kommen. Damit begibt man sich *in dieser Sache* der Kommunikabilität. Im Handeln muß man sich an »etwas« orientieren, das man selbst für wahr hält, auch wenn man einräumt, daß andere es anders sehen mögen. – Wenn man dagegen etwas »weiß«, kann man sich selbst nicht denken, daß andere es anders sehen könnten.[9] »Ohne noth« sollte man sich nach Kant überhaupt nicht in Urteilen festlegen, sondern sein Urteil »in suspenso« halten.[10] »Die Natur hat uns zwar viele Kenntnisse versagt, (...) aber den Irrthum verursacht sie doch nicht. Zu diesem verleitet uns unser eigener Hang zu urtheilen und entscheiden«,[11] selbst dann, wenn die dabei subjektiv leitenden »Maximen« *nicht* zugleich auch als *allgemeine* Grundsätze der Urteilsbildung gelten können.[12]

---

[7] I. Kant, Nachlaßreflexion (R) 6204.
[8] Vgl. I. Kant, Kritik der reinen Vernunft B 848 ff.
[9] Das Wissen leitet sich aus allgemein geltenden Begründungen ab.
[10] Vgl. I. Kant, R 2588 bzw. 2506.
[11] I. Kant, Logik AA IX 54.
[12] Dem »Fürwahrhalten« sind also keineswegs »Gegenstände« vorgegeben, auf die es sich dann in einem seiner Modi nachträglich beziehen könnte. Der Modus konstituiert vielmehr den Gegenstand. So ist z. B. die »Existenz« nicht schon im »Begriff« Gottes enthalten, wenn das Begriffene Gegenstand einer »Meinung« oder des »Wissens« sein soll, wohl aber, wenn es Gegenstand eines »Glaubens« ist. »Der Glaube, daß kein Gott, keine andre Welt sey, ist unmöglich, wohl aber die Meinung«, mit der man sein Urteil ja in der Schwebe hält (R 4953). Die Urteilsbildung im Modus des Glaubens hat (a priori) die Bedeutung, daß man sich im Leben (d.h. im Handeln nach eigenen Vorstellungen) auf ihre Objektivität verläßt, auch wenn andere hier anders denken mögen.

Das eigene Urteilen impliziert in jedem dieser Modi *Rücksicht* auf das Urteilen der anderen. D. h. nicht, daß es dem der anderen folgen müßte. Im Gegenteil, es beruht in allen drei Modi auf einem »Selbstdenken«, das sich aber in seiner »Darstellung« anderen gegenüber verantwortlich und sich *insofern* in einer »gemeinschaftlichen Welt« mit ihnen weiß. Das Ich urteilt »unter der Aufsicht« eines Über-Ich, von dem es sich je nach Modus mehr oder weniger »*ablöst*«. Vor allem der »Glaube« als der Modus des Fürwahrhaltens, der sich auf die subjektive Notwendigkeit des Handelns bezieht, steht in einer *Spannung* zu dem möglichen Fürwahrhalten anderer. Ein Arzt muß z.B. selbst entscheiden, ob er noch »Zeit hat« für weitere Untersuchungen oder auf Grund der jetzt erreichten Deutlichkeit seiner Diagnose therapeutisch handeln soll, auch wenn ein anderer es besser wissen könnte. Gegenüber *jeder* erreichten Deutlichkeit ließe sich eine »bessere« denken, weil die zur Verdeutlichung gegebener Zeichen benutzten *anderen* Zeichen auch ihrerseits noch *ad infinitum* verdeutlicht werden könnten. Insofern ist jede Urteilsbildung, die um des Handelns willen zum Schluß, oder, wie man auch sagt, »zur Sache« kommt, ein zu verantwortender *Abbruch* eines an sich unendlichen Verdeutlichungsprozesses.[13]

Es kann also in der »Praxis« keine definitiven Bestimmungen, keine »Definitionen«, sondern nur vorläufige pragmatische »Explikationen« der Bedeutungen geben. Sie nennen die Bedeutungen von Zeichen, die nicht unmittelbar »hinreichend« verstanden werden, in anderen *Zeichen*, die in der gegebenen Situation als hinreichend deutlich »erscheinen«. Die »Bedeutung« eines Zeichens sind dann diese anderen *Zeichen*, nach deren Bedeutung zur

---

[13] Wenn wir ein gegebenes Zeichen, gemessen an dem, was im Handlungszusammenhang »dabei im Spiele« ist, unmittelbar nicht »hinreichend« verstehen, suchen wir es uns mittels anderer Zeichen weiter zu verdeutlichen. Das bekannteste Beispiel ist die »Definition« der Bedeutung eines Wortes mit Hilfe anderer, dabei aber nicht selbst wieder zu definierender Wörter. Wenn wir z.B. in einem bestimmten Handlungszusammenhang nicht »hinreichend« zu verstehen glauben, »was« ein »Mensch« sei und ob das Gegebene, um das es uns hier zu tun ist, »schon« oder »immer noch« ein »Mensch« sei, kann die »Definition«, ein Mensch sei ein vernünftiges Tier, versucht werden, und der Versuch gelingt, wenn die Bedeutungen der Wörter »Tiere« und »vernünftig« für diesen Zusammenhang als hinreichend deutlich erscheinen. Anderenfalls müssen auch sie weiter verdeutlicht werden. »Vernünftigerweise« muß solch eine Kette von Verdeutlichungen als Angabe der »Bedeutungen«, die »an sich« ins Unendliche führen könnte, aber an irgendeinem Punkt abgebrochen werden.

gleichen *Zeit* nicht mehr weiter gefragt wird. Man versteht die Zeichen, wenn man die jeweilige »Situation« versteht, in der solch ein Abbruch der Explikationen in der Angabe der Bedeutung zu verantworten ist, d. h. alles »Verstehen« ist von ethischer Relevanz.

»Verstehen« ist in dieser Bedeutung nur möglich, wenn der Deutende die *Wahl* hat, welche anderen Zeichen er an die Stelle der zu verdeutlichenden setzen und als »synonym« mit ihnen *gelten* lassen will. Würde ein Zeichen seine Verdeutlichung und damit seine »Bedeutung« von sich aus (kausal) »nach sich ziehen«, hätte es nur *eine* Bedeutung, so wie es in gesetzten formalisierten Sprachen auch vorausgesetzt ist. Es ist also zu überlegen, was den internen Zusammenhang zwischen »gegebenen« Zeichen und den anderen Zeichen ausmacht, die als mögliche »Verbesserung« an ihre Stelle gesetzt werden können, ohne daß ein Optimum »für alle Fälle« den Weg weisen könnte. Es erscheint als notwendig, daß wir hier den traditionellen Zeichenbegriff aufgeben, nach dem ein Zeichen für eine »Vorstellung« und damit für eine vorgestellte »Sache« stehen soll und nach dem in der »Eineindeutigkeit« der Zeichenrelation eine Tugend gesehen wird. Damit gibt man aber auch die Möglichkeit auf, zu sagen, verschiedene Zeichen hätten »dieselbe« Bedeutung, wenn sie für »dieselbe« Sache stünden. Wenn ein Zeichen »besser« als ein zuvor gegebenes anderes Zeichen sein soll, bedeuten sie ja gerade nicht »dasselbe«. Das eine ist nicht ebenso »gut« wie das andere. Das verdeutlichende soll ja überhaupt erst sagen, »was« das Bezeichnete *sei.* Erst in der *Auseinanderlegung* und erst indem die verbindende »Kopula« des Urteils unmittelbar und ohne weiter vermittelnde »Mittelbegriffe« *Sein* ausdrückt, stellt sich ein Seinsbezug dar. Erst damit tritt ein Zusammenhang von »Zeichen« und »ihrer« – in *anderen Zeichen* ausgedrückten – »Bedeutung« ins »Bewußtsein«, das sich nach Nietzsche ohnehin nur »im Verkehr entwickelt«,[14] als »im Verkehr« mit anderen zu *verantwortende* Auseinanderlegung von »etwas« *als* »etwas«.

Daß wir »etwas«, so wie wir es gerade im Bewußtsein haben, für wirklich halten, gehört also mit zur *Deutung* der Zeichen. Es ist nicht zuerst ein »Wirkliches« gegeben, das dann noch zu deuten wäre. Unser Weltverhalten ist wesentlich von der *kategorialen Unterscheidung* zwischen »Dasein« und »Nichtsein« geprägt. Wenn wir etwas, so wie es sich uns darstellt, »glauben« oder »für wirklich« und anderes für unwirklich halten, gehört das zu unserem interpretierenden Weltverständnis. Es gehört zu dem *Bild*, das wir uns

---

[14] F. NIETZSCHE, Nachlaß, VIII [145]. Kritische Studienausgabe (KSA) 13, 68.

von *unserem* Standpunkt aus innerhalb des durch ihn gegebenen »Horizontes« machen, und nur soweit uns dies bewußt ist, können wir auch denken, daß *andere* »es« *anders* sehen können. Sie sehen »es« in ihren anderen Zusammenhängen und unterscheiden dann auch »Dasein« und »Nichtsein« anders als wir in *unserem* »Selbstdenken«. Damit erscheinen sie uns als »fremde«, eventuell »befremdliche« Vernunft.

Der Traum ist nach Kant »unwillkürliche Dichtung im gesunden Zustande«.[15] Wir können die mentale Gesundheit nun als den Zustand bezeichnen, in dem das Ich zwischen »seiner« Welt und der Welt der anderen dadurch zu unterscheiden weiß, daß es sich seines eigenen Horizonts im *unaufhebbaren Unterschied* zu dem anderen Horizont der anderen bewußt ist und in seinem »Selbstdenken« mitbedenkt, daß es sich *sein* Urteil immer nur aus *seinem* »Horizont« heraus bilden kann und muß und daß andere »es« anders sehen mögen. Man darf nach Kant »den Horizont Anderer nicht nach dem seinigen messen, und nicht das für unnütz halten, was *uns* zu nichts nützt; es würde verwegen sein, den Horizont Anderer bestimmen zu wollen, weil man theils ihre Fähigkeiten, theils ihre Absichten nicht genug kennt«[16] und folglich auch nicht wissen kann, wann und warum *sie* eine Bestimmung von etwas (als etwas) als »hinreichend« ansehen, d. h. ihre intensionalen Begriffsklärungen abbrechen und ihre Vorstellungen so, wie sie ihnen zuletzt deutlich geworden sind, »auf ein Objekt« beziehen und ihnen dadurch »objektive Bedeutung« geben.

II.

Wir können uns nicht in den »Horizont« *anderer* »versetzen«; wir können uns nur unsere eigenen Vorstellungen von ihren Vorstellungen »machen« und im »Verkehr« mit ihnen nur *unseren* Vorstellungen gemäß handeln. Dieses Handeln ist das »Leben«.[17] Dabei nehmen wir, wie der Analytiker Bion es nannte,[18] »imaginäre Foci« ein. Wolfgang Loch weist darauf hin, daß in solchen Zusammenhängen schon Kant von einem »Focus imaginarius« als von

---

[15] I. KANT, Anthropologie, AA VII 189.
[16] I. KANT, Logik, AA IX 43.
[17] »Leben« ist nach Kant »das Vermögen eines Wesens, seinen Vorstellungen gemäß zu handeln« (Die Metaphysik der Sitten, AA VI 211).
[18] Vgl. W. LOCH, Deutungs-Kunst, Tübingen, 1993, 43.

einer »Idee« gesprochen hat, die notwendig ist, um »den Verstand zu einem gewissen Ziele zu richten«,[19] z. B. auch dem, andere Menschen zu verstehen. Mit der *Bewegung* dieses »Focus« verschärfen wir die Verdeutlichung bestimmter Zeichen, die uns jetzt wichtig erscheinen, während wir andere weniger oder gar nicht ausgelegt oder auseinandergelegt stehenlassen. Bion nannte solche »Interpretationen« »Transformationen«. Die ehemalige Perspektive erscheint aus der neuen als »Vorurteil«, aber auch die neue reflektiert ihre »Beschränkung«, und damit reflektiert sie auch schon sich selbst als »Vorurteil«. Das Urteil aus der neuen nennt die (vorläufige, aber für mich jetzt gültige) «*Bedeutung*» der vorherigen. »Bedeutung« zu haben und damit einer »Erwartung« oder einem »Glauben« im genannten pragmatischen Sinn zu entsprechen ist aber, so wie Loch H. J. Home zitiert, das »Kennzeichen des Seelischen schlechthin.«[20]

Ob meine Vorstellungen von den Vorstellungen der anderen »richtig« *imaginiert* waren, zeigt sich für mich erst in deren Verhalten, genauer, in meinem Verständnis dieses Verhaltens. Eine »Anthropologie in pragmatischer Hinsicht« muß daher berücksichtigen, »daß Menschen, die der Sprache nach einig sind, in Begriffen himmelweit von einander absehen« können. Das wird nur »zufälligerweise, wenn ein jeder nach dem seinigen [Verstehen] handelt, offenbar«.[21] Es setzt aber voraus, daß wir »von dem ›Vorurteil‹, der ›Erwartung‹ ausgehen, daß die verbalen und averbalen Äußerungen des »Analysanden« »Sinn und Bedeutung haben *sollen*«.[22] Eine solche Bedeutung ist natürlich ein Konstrukt des Analytikers. »Jeder psychische Akt beginnt als unbewußter«, d.h. als unausgelegter, »und kann entweder so bleiben oder sich weiter entwickelnd zum Bewußtsein fortschreiten, je nachdem, ob er auf Widerstand trifft oder nicht«. Im Anschluß an dieses Freudzitat stellt Wolfgang Loch dann die Frage: »Muß nicht, wenn dieser Ablauf stimmt, der Widerstand, der Zensor, den bisher unbewußten Inhalt schon kennen?« »Die Unterscheidung zwischen vorbewußter und unbewußter Tätigkeit« ist aber, wie Freud und Loch es verstehen, »keine primäre, sondern wird erst hergestellt, nachdem die ›Abwehr‹ ins Spiel getreten ist«.[23] – Als »Zensor« wäre hier die

---

[19] Ebd. Vgl. I. KANT, Kritik der reinen Vernunft B 672.
[20] »Mind is the meaning of behavior« (H. J. HOME, The concept of mind. Int. J. Psychoanal., 47, 43–49), zit. nach LOCH, W. (1993), 44.
[21] I. KANT, ANTHROPOLOGIE, AA VII 193.
[22] W. LOCH, 1993, 45, Hervorh. v. Vf.
[23] W. LOCH, 1993, 46.

Rücksicht auf den *anderen* Focus der Aufmerksamkeit, auf die *andere* Weltsicht oder die »*fremde Vernunft*« der anderen zu verstehen, als die »Überlegung«, ob und auch *wie* die eigene Interpretation »dargestellt« werden soll, um möglichst »deutlich« ins fremde Bewußtsein gelangen zu können. Diese kommunikative Überlegung bewirkt einen »Widerstand«[24] oder ein »Hemmen«[25] gegenüber dem ungehemmten Verständnis aus eigener Sicht.

Hegel spricht in seiner Philosophie der »Erfahrung des Bewußtseins« von einem »ungewohnten Hemmen«. Die »Gewohnheit« folgt einem grammatischen Satz- und Interpretationsschema, das selbst schon einen »Widerstand« gegen allzu »arbiträre« und darin unkommunikative Ersetzungen »gegebener« Zeichen durch andere bewirkt. Mit diesem »Schema« werden die Zeichen »für eine ›Sache‹«[26] als deren *verbindliche* Bezeichnung genommen, so daß keine andere Perspektive und kein anderes Bezeichnungsbedürfnis mehr in den Blick kommt. Nietzsche denkt, daß wir Gott »nicht los« werden, »weil wir noch an die Grammatik glauben«,[27] d.h. uns notwendigerweise darauf verlassen, daß zumindest die *Formen* unserer Urteile, was etwas (in Wahrheit) *sei*, »objektiv gültig« (und nicht nur etwas Besonderes, für eine gewisse Zeit Eingespieltes) seien. Die Grammatik ist, so gesehen, der härteste »Zensor« oder das »Überich« des sätzebildenden Ich, auch in dessen (»kategorialen«) Unterscheidungen zwischen »Dasein« und »Nichtsein« oder zwischen »der« Wirklichkeit und einer »bloßen Imagination«. Ohne die »Konstrukte« dieser Imagination könnten wir allerdings kein konsistentes Verständnis »der« Wirklichkeit erreichen, insofern wir im Begriff der »Wirklichkeit« mitmeinen, daß wir sie mit anderen teilen *sollen*, und daraus folgt, daß wir sie »*am Nebenmensch (...) erkennen*« lernen. »Durch die Interaktion mit dem »Nebenmenschen« lernt der Mensch nach Wolfgang Loch vor allem »seine (Mutter)Sprache«, als das der Freiheit der Assoziation bis in die Wahrnehmungen hinein entgegenwirkende, widerständige »Schema«.[28] Dieses »Schema« wirkt auch dann, wenn es darum geht, in »fremden« Äußerungen »*Sinn und Bedeutung*« zu «erraten».[29] Wir setzen damit voraus, daß der an-

---

[24] Ebd.
[25] Vgl. G. W. F. HEGEL, Phänomenologie des Geistes, ed. HOFFMEISTER, 52.
[26] W. LOCH, 1993, 47.
[27] F. NIETZSCHE, Götzen-Dämmerung, KSA 6, 78.
[28] W. LOCH, 1993, 51.
[29] W. LOCH, 1993, 52.

dere »das Wahre glaubt und das Gute liebt«,[30] »das« Wahre, so wie auch wir selbst es glauben, und »das« Gute, so wie auch wir selbst es lieben. Es wird vorausgesetzt, daß *jeder* Mensch seine Sprache und sein Überich ›hat‹,[31] *so wie ich* sie ›habe‹. Wir setzen voraus, daß sich *seiner* Imagination *derselbe* Widerstand entgegensetzt wie *meiner*.

Da in der Analyse der Analytiker für »den« verlorenen anderen eintritt, wird hier vorausgesetzt, daß die Zeichenversionen oder -transformationen, die zu einem »besseren« Verstehen führen sollen, für den Patienten die »besseren« im Sinne eines *gemeinsam* geliebten »Guten« sind. Der Analytiker ist aber immer auch nur ein *individueller* Mensch; er sollte allerdings jemand sein, dem sein eigenes Trieb-Ich keine störenden Probleme im Umgang mit den allgemeinen Widerständen bereitet und der selbst die Spannung zwischen Ich und Überich »unten« in seinen »Träumen« behält und austrägt. Allein das Gelingen der Therapie in der Sicht des Patienten kann aber zeigen, ob es »wirklich« so ist und ob die Versionen der Zeichen von den »gegebenen« hin zu den »deutenden« eine Linderung des Leidens bewirkt. – Die eigentlich *philosophische* Frage bleibt aber auch dann noch unbeantwortet: Was haben denn *verschiedene* Zeichen gemeinsam, was *verbindet* sie, so daß eines »für« das andere eingesetzt werden kann, ohne daß sie von vornherein als Zeichen für »dasselbe« zu verstehen wären, das »selbst« nicht zur *Darstellung* kommt?

Wolfgang Loch beruft sich in diesem Zusammenhang auf eine einschlägige Passage bei Freud. Freud spricht von »verschiedenen Arten von Zeichen«: den Zeichen einer »ersten Niederschrift«, die den »bewußten ›Wahrnehmungen‹ entspricht«, und einer »zweiten Niederschrift«, die »nach ›Kausalbeziehungen angeordnet ist‹«.[32] Die zweite ist damit schon als die »Interpretation« der ersten verstanden. Es wird davon ausgegangen, daß wir niemals *ein* Zeichen strikt *einer* Sache zuordnen; denn von Sachen »haben« wir nur »Vorstellungen« und von »fremden Vorstellungen« und unseren eigenen aus einer anderen Zeit »haben« wir nur unsere Zeichen. Wir »haben« es mit »Sachen« vielmehr *nur* dadurch zu tun, daß wir »für« sie *zweierlei* Zeichen »haben«, also nur *im Zuge der Transformation* der einen Zeichen in *andere Zeichen*. Die gedeuteten gehen in ihrer aktualen Deutung nicht auf; sie bleiben in jeder Deutung zugleich stehen für andere Deutungen. Das Sprachvermögen äußert

---

[30] D. Davidson, zit. nach W. Loch, 1993, 53.
[31] W. Loch, 1993, 54.
[32] W. Loch, 1993, 55f.

sich nicht in einer »sachbezogenen« Zusammenfügung (Synthesis) von Zeichen, sondern in der Fähigkeit zu solchen »Transformationen« »gegebener« Zeichen in als besser erscheinende, entweder nach einem vorgezeichneten »Schema« oder im eigenen »gewagten Versuch«[33] zur Metaphorik. Das Sprachvermögen ist das Vermögen, Gesagtes immer auch noch *anders* sagen zu können und dennoch keine »Beliebigkeit« dabei aufkommen zu lassen. Es ermöglicht die Rücksicht auf andere Sprachteilnehmer durch die *freie* (nicht schematisierte) Wahl der Zeichen.

Die Zeichen aus früheren – z. B. auch frühkindlichen – persönlichen Konstellationen bleiben also gegenüber einer späteren »*Durchsetzung einer zentralen Gesetzgebung*«[34] als »nicht übersetzte Erinnerungsspuren aus früherer Phase«[35] in Geltung. Sie werden später nicht schlicht »vernichtet«. Auch schon nach Nietzsche gibt es »im Geistigen keine Vernichtung«.[36] Es wird immer nur ein Interpretationsgesichtspunkt *zeitweilig* »Herr« über andere. »Ich« bezeichnet deiktisch den Gesichtspunkt der *bisher letzten* Erinnerung oder Zusammenfassung, so wie er sich gegen den Widerstand der Autorität des »Überich« *selbst* hat ausbilden und behaupten können, und nicht ein sich durchhaltendes, substantielles Prinzip. Das entspricht der Kantischen Kritik der rationalen Psychologie, aber auch seinem Begriff des »Bezeichnungsvermögens«: Es ist »das Vermögen der Erkenntniß des Gegenwärtigen als Mittel der Verknüpfung der Vorstellung des Vorhergesehenen mit der des Vergangenen«, und die »Handlung des Gemüths[,] diese Verknüpfung zu bewirken[,] ist die *Bezeichnung*«. Der »größere Grad« der Bezeichnung heißt »Auszeichnung«.[37] Er setzt die die Interpretation wiederum interpretierenden Akzente der Bezeichnung auf das, worauf es jeweils ankommen soll.

Mit einer Kritik am substantiellen Seelenbegriff kann aber nicht nur der *Bewußtseinsbegriff* anders als zuvor verstanden werden. Auch der Begriff des Leibes ist anders zu fassen, wenn das Bewußtsein als ein »Organ« verstanden

---

[33] W. Frhr. v. Humboldt, Ueber die Verschiedenheit des menschlichen Sprachbaues, Akademieausgabe VI 161
[34] W. Loch, 1993, 56.
[35] S. Freud, Brief vom 6. 12. 1896, zit. nach W. Loch, 1993, 58f.
[36] »Nicht ein Kampf um Existenz wird zwischen den Vorstellungen und Wahrnehmungen gekämpft, sondern um Herrschaft: – vernichtet wird die überwundene V[orstellung] nicht, nur zurückgedrängt oder subordinirt. Es giebt im Geistigen keine Vernichtung (...)« (F. Nietzsche, Nachlaß VIII 7 [53]. KSA 12, 312).
[37] I. Kant, Anthropologie, AA VII 191.

wird, das nur soweit entwickelt sei, wie es »für den Verkehr« notwendig ist. Der »Leib« ist dabei selbst schon als ein Gegeneinanderwirken schwer voneinander abzugrenzender »Organe« verstanden, von denen jedes nicht nur dem Ganzen untergeordnet sein soll, sondern sich auch *gegen* die anderen zu behaupten und zu erhalten sucht. Schon hier steht insofern »Wille gegen Willen«. Gegen die Auffassung des Bewußtseins als allein beherrschende »Einheit« steht die Metapher von einem »leitenden Comité, wo die verschiedenen *Hauptbegierden* ihre Stimme und Macht geltend machen«.[38] Die Leitfunktion setzt hier geradezu voraus, daß »das meiste« dem Bewußtsein und seiner »Übersicht« verborgen bleibt.

Aber es geht nicht nur um eine veränderte Nomenklatur. Es geht darum, daß sich das »Ich« nicht als »wesentlich«, nicht als »Substanz« versteht, sondern als den *aktuellen* Gesichtspunkt der jeweiligen Interpretation und der Zeichenwahl, als der es sich gegenüber *anderem* Ich bzw. »fremder Vernunft« jederzeit auch wieder »zurücknehmen« kann. Es kann sich anderen Autoritäten frei fügen und wird es auch tun, soweit ihm selbst an einer »Übereinstimmung« mit ihnen im Weltverstehen und im weltauslegenden »Glauben« gelegen ist. Vor allem seinen »Freunden« wird es, wie es bei Nietzsche heißt, »einen reichlichen Spielraum zum Mißverständnis zugestehen«.[39] Es wird sich zwar von Fall zu Fall gegenüber anderen behaupten wollen und auch müssen, wenn es sich auf »Sachen selbst« bezogen »weiß«, aber doch nicht gegenüber allen anderen und auch nicht immer, und daher wird es seine Auslegungen und Urteile, was etwas in Wahrheit *sei*, auch immer wieder in die einfachen unausgelegten »Namen« »resumieren« wollen und können. Ein wertender »Wille« ist hier jederzeit im Spiel. Das macht bewußt, daß das »Finden« der »rechten« Zeichen zur »rechten« Zeit immer ein Finden für *bestimmte* andere ist. Dafür kann es keine Regel geben. Es ist eine »Kunst«, die »gelingen« muß.

III.

Der oberste Gesichtspunkt kann demnach nicht »die Wahrheit«, verstanden als »die richtige« Bezeichnung der Sache sein. Eine solche »Richtigkeit« ist angesichts der *Verschiedenheit* der Sprachen und ihres »grammatischen«

---

[38] F. Nietzsche, Nachlaß, VIII 11 [145]. KSA 13, 68.
[39] F. Nietzsche, Nachlaß, VIII 1 [182]. KSA 12, 51.

Baues nicht denkbar. Unter kritischem Aspekt kann man nicht mehr sagen, daß zwei sprachliche Ausdrücke oder generell zwei Zeichen in einem Sinne »synonym« seien, daß sie sich auf »dieselbe Sache« bezögen, denn »die« Sache »hat« man nie ohne die Zeichen, und eine von den Zeichen »unabhängige« Sache »hat« man nur darin, daß man verschiedene Zeichen »für« sie als »synonym« *gelten* läßt. Der oberste Gesichtspunkt ist vielmehr die »Wahrhaftigkeit« in der Selbstdarstellung gegenüber anderen. – Nun kennt Kant aber doch den Begriff der »inneren Lüge«, mit der man sich selbst etwas »vormacht«. »Die Wirklichkeit mancher *inneren* Lüge, welche die Menschen sich zu Schulden kommen lassen, zu beweisen, ist leicht, aber ihre Möglichkeit zu erklären, scheint doch schwerer zu sein: weil eine zweite Person dazu erforderlich ist, die man zu hintergehen die Absicht hat, sich selbst aber vorsetzlich zu betrügen einen Widerspruch in sich zu enthalten scheint.«[40] Von der »Deutungs-Kunst« her gesehen, ist diese zweite Person aber mit der ersten immer noch im Spiel. Man »belügt« sich nämlich dann selbst, wenn man sich seine Urteile *nicht selbst* bildet und *nicht selbst* denkt, sondern den Aspekt einer »gemeinschaftlichen Welt« allein bestimmend werden läßt und sich damit der eigenen Verantwortung für sein »Fürwahrhalten« entzieht. Es geht nicht mehr um die Trennung einer »gemeinschaftlichen Welt« des wachen Zustandes und einer »eigenen« des Traumes; die »Wahrhaftigkeit« liegt vielmehr im Aushalten der *Spannung* von »eigener« und »gemeinschaftlicher« Welt oder von »Ich« und »Überich« , und die Wahrheit liegt in der *Anerkennung* des anderen Ich durch die »Reflexion« oder die Zurücknahme des eigenen Urteils auf sich selbst.

---

[40] I. Kant, Die Metaphysik der Sitten, AA VI 430.

Über den Konstruktivismus im Werk Wolfgang Lochs

FRIEDRICH-WILHELM EICKHOFF, Tübingen

»Meine Entdeckungen sind nicht in erster Linie Allheilmittel. Meine Entdeckungen sind Basis für eine sehr wichtige Philosophie«, war Freuds Bemerkung zu Hilda Doolittle,[1] an die sie in ihrer Huldigung an Freud erinnert, und sie läßt Freud fortfahren: »Es gibt sehr wenige, die das verstehen, es gibt sehr wenige, die fähig sind, das zu verstehen.« Wolfgang Loch gehörte zu diesen wenigen, und er hat es als seinen Auftrag empfunden zu lehren, was er unter dieser »Basis für eine sehr gewichtige Philosophie« verstand. Ich werde versuchen, es als »konstruktivistische Position«,[2] als Vermittlung zwischen Erfinden und Entdecken, zwischen Nominalismus und Realismus darzustellen. Bitte sehen Sie mir meine philosophische Laienhaftigkeit nach.

Teilnehmer von Wolfgang Lochs Balintgruppen, selbstverständlich auch seiner technischen Seminare, müssen in seine nicht eben leicht verständlichen Arbeiten nicht eingelesen gewesen sein, um wahrzunehmen, wie aus ihren Einfällen die motivische Struktur einer Arzt-Patient-Beziehung von ihm, in gewisser Weise zaubernd, erschlossen, d. h. konstruiert wurde. Er hat in diesem Zusammenhang meines Wissens nicht von Konstruktion gesprochen, aber ich bin überzeugt, es handelt sich methodisch um nichts anderes, nichts Willkürliches, die Wirklichkeit Verfehlendes, wie der pejorative Gebrauch dieses Wortes nahelegen könnte, sondern um das Zentrum der »Deutungskunst«, über die Freud geschrieben hatte: »Die neue Technik ändert den Eindruck der Behandlung so sehr ab, brachte den Arzt in so neue Beziehungen zum Kranken und lieferte soviel überraschende Ergebnisse« (...), daß der Analytiker »seine eigene unbewußte Geistestätigkeit« anpassen mußte, um »solcher Art das Unbewußte des Patienten mit seinem eigenen Unbewußten auffangen« zu können.[3] Den weiteren Schritt, das dem Patienten »selbst Verborgene zu erraten und ihm mitteilen zu können«[4] hat Freud Konstruktion genannt, wenn sie »ein Stück verlorengegangener Lebensgeschichte wieder-

---

[1] H. DOOLITTLE, 1976, S. 49.
[2] Ich danke Professor Dr. Ernst Konrad Specht, Köln, für die Interpretationshilfe.
[3] S. FREUD, 1923 a, S. 215.
[4] aaO.

bringt«[5] und sie als Vorarbeit charakterisiert: »Der Weg, der von der Konstruktion des Analytikers ausgeht, sollte in der Erinnerung des Analysierten enden; er führt nicht immer so weit. Oft genug gelingt es nicht, den Patienten zur Erinnerung an das Verdrängte zu bringen. Statt dessen erreicht man bei ihm durch korrekte Ausführung der Analyse eine sichere Überzeugung von der Wahrheit der Konstruktion, die therapeutisch dasselbe leistet wie eine wiedergewonnene Erinnerung. Unter welchen Umständen dies geschieht und wie es möglich wird, daß ein scheinbar unvollkommener Ersatz doch die volle Wirkung tut, das bleibt ein Stoff für weitere Forschung«.[6]

Zu dieser späteren Forschung hat Wolfgang Loch ungewöhnlich viel beigetragen und nachgewiesen, wie »ein scheinbar unvollkommener Ersatz doch die volle Wirkung tut«, indem er Freuds Verständnis von Konstruktion, die einer Korrespondenztheorie der Wahrheit verpflichtet blieb, ausgedehnt und u.a. die Unterscheidung von Rekonstruktion und Konstruktion aufgegeben hat. Verschiedene Fassungen dessen, was ich als »konstruktivistische Position« zusammengefaßt habe, finden sich über das Gesamtwerk Wolfgang Lochs verstreut. Ich kann bei meiner Skizze eine erhebliche Willkür nicht vermeiden, wenn ich einige wenige Arbeiten hervorhebe und andere vernachlässige. In dem Aufsatz »Some Comments on the Subject of Psychoanalysis and Truth«, 1976 geschrieben für den zweiten Band der Reihe »Psychiatry and the Humanities«,[7] bekennt er sich zu einem pragmatischen Konzept der Wahrheit, nach der die Psychoanalyse suche, und die durch gegenseitige Übereinstimmung zustandekomme. Die Psychoanalyse entdecke also nicht die Wahrheit, »verstanden als Korrespondenz zwischen den Tatsachen der Vergangenheit und den Behauptungen der Interpretationen«, sondern die letzteren »konstruieren die Wahrheit, und zwar im Dienste der Kohärenz des Selbst, die ihrerseits für die Gegenwart wie für die Zukunft des Subjekts unabdingbar ist«.[8] Mit anderen Worten: »Phantasien und Erinnerungen stellen keine entdeckte Wahrheit von historischem Charakter dar, sondern sind vielmehr Versuche, einen Sinn zu schaffen, um weiterleben zu können«.[9]

---

[5] S. FREUD, 1937d, S. 56.
[6] aaO., S. 52/53.
[7] Erweiterte deutsche Fassung unter dem Titel »Psychoanalyse und Wahrheit«, Psyche 1976.
[8] W. LOCH, 1976, S. 885.
[9] aaO., S. 874.

Ein halbes Jahrzehnt nach seiner Emeritierung als Ordinarius für Psychoanalyse hat Wolfgang Loch in der K. R. Eissler zum 80. Geburtstag gewidmeten und sowohl in der Europäischen Psychoanalytischen Föderation 1988 in Stockholm als auch auf der Herbsttagung der DPV im gleichen Jahr diskutierten Arbeit »Rekonstruktionen, Konstruktionen, Interpretationen: Vom Selbst-Ich zum Ich-Selbst«[10] seine Gedanken zum Thema dessen, was ich Konstruktivismus genannt habe, am intensivsten entfaltet und zugleich die tiefliegende untergründige Verbindung zwischen Philosophie und Psychoanalyse aufgezeigt. In seiner eigenen glänzenden Zusammenfassung[11] sind Deutungen, Konstruktionen, psychoanalytische Interventionen überhaupt, ihrem Wesen nach »selective constructions of new meanings«. In Verbindung mit dem Durcharbeiten lehren sie den Analysanden die Methode des analytischen Denkens als Lebensform im Sinne Wittgensteins. Wenn der Patient die Überzeugung gewinne, daß sein bisheriges Erklärungsschema für seine vergangenen Erfahrungen und Träume aufgegeben werden könne, hätten Analytiker und Analysand einen anderen Bedeutungszusammenhang, eine existenztragende Wahrheit geschaffen, die von der gemeinsamen »Lebensform«, vom gemeinsam geübten »Sprachspiel« der psychoanalytischen Praxis repräsentiert und ratifiziert werde. Eine Umstrukturierung, eine Umschrift von Bedeutungen sei zustandegekommen, die eine Wandlung der Ich-Selbst-Identität umfasse. Man könne das auch so beschreiben, daß man sage, wenn bisher das Ich des Analysanden von seinem Selbst bestimmt wurde, so befähigten ihn die Ereignisse der Psychoanalyse, ein anderes, ein verwandeltes Selbst zu konstruieren, dessen So-Sein nun vom Ich bestimmt werde. Eine solche Genese des Selbst werde möglich, weil die wesentliche Aufgabe der Analyse in der Herstellung der »für die Ich-Funktionen günstigen psychologischen Bedingungen«[12] bestehe. Die Metamorphose vom ›Selbst-Ich‹ zum ›Ich-Selbst‹ (dem subjective self Daniel Sterns) stehe in Analogie zu Freuds Maxime »Wo Es war, soll Ich werden«.[13] Dies umschließe auch den Übergang vom triebbesetzten, an eine Person gebundenen Überich zur Anerkennung apersonaler ›vernünftiger Normen‹. Dies werde vorab durch die Deutung der Übertragung als Abwehr ermöglicht – ein Wolfgang Loch immer bedeutungsvoll bewiesener Gesichtspunkt –, denn als deren Folge können

---

[10] W. Loch, 1988.
[11] aaO., S. 71–73.
[12] S. Freud, 1937c, S. 96.
[13] S. Freud, 1933a, S. 86.

Positionen eingenommen werden, die nicht mehr die bisherigen Abwehrmaßnahmen erfordern, da die ihnen zugrundeliegende Selbststruktur aufgegeben werden konnte. Das dies in Freiheit geschehen könne und nicht im Sinne eines »Willens zur Macht«, repräsentiert durch einen »Logozentrismus«,[14] habe zur Voraussetzung, daß der Analytiker »unaufdringlich« (M. Balint) verfahre, daß er nicht unbedingt verstehen will[15] (W. R. Bion), und wisse, daß er dies nicht könne, denn »Individualität läßt sich letztlich nicht diskursiv bestimmen, sondern nur bejahen«,[16] daß er Deutungen letztendlich als die Geburt eines Dritten versteht, das dem Analysanden wie dem Analytiker das Weiterleben erlaube. Nur die Beachtung dieser Voraussetzungen der psychoanalytischen Deutungstechnik schütze vor der Gefahr, Konstruktionen zu produzieren, die Wahnbildungen[17] vergleichbar seien. In der Einleitung in die Diskussion seines Vortrags,[18] die ein Glücksfall ist und an die unmittelbare Frische seiner Vorlesungen erinnert, von denen es leider keine Mitschriften gibt, bekennt sich Wolfgang Loch sehr ausdrücklich zu seiner Überzeugung, daß der Mensch ein interpretierendes Wesen ist und daß es keinen Interpretationsanfang, nach Nietzsche kein Ereignis an sich gibt, daß die »Nachträglichkeit« der kontextabhängigen Bedeutungszuweisung ein höchst modernes Konzept Freuds war. Er wendet sich mit dem pragmatistischen amerikanischen Philosophen Richard Rorty gegen den »Mythos des Gegebenen« und beruft sich auf Donald Davidson,[19] wenn er zeigen will, daß es keine Entsprechung Punkt um Punkt zwischen einem ursprünglichen Ereignis und dem, was ein Patient darüber sagt, geben kann. Da die Sprache keinen abbildenden Charakter hat, kein Medium ist, müssen wir von Konstruktionen sprechen. Er kehrt emphatisch zur »Psychischen Realität« Freuds zurück und erinnert an den Sturz der Werte nach dem Verlassen der Verführungstheorie, die allein das Psychische, die Bedeutung übrig gelassen habe. Auf Freuds »Entwurf einer Psychologie« von 1895 zurückkommend, erinnert er an die Unordnung der mehrfach niedergelegten Erinnerungsspuren durch Umschriften, die darauf verweisen, daß in der Vergangenheit etwas in ein Konzept gefaßt worden ist, daß es sich in einer Distanz zum ursprüng-

---

[14] J. SIMON, 1987, S. 89.
[15] W. R. BION, 1970.
[16] J. SIMON, aaO., S. 83.
[17] S. FREUD, 1937d, S. 55.
[18] W. LOCH, 1988.
[19] D. DAVIDSON, 1982.

lichen Ereignis befindet. Von der Unmöglichkeit, Vergangenes wieder zu erfassen, seien die voneinander abhängigen Phänomene von Übertragung und Gegenübertragung als Wiederholungen alter Handlungsmuster in der Gegenwart mit einem neuen Objekt eine Ausnahme. Sie beträfen emotionale Zustände, die Patient und Analytiker ein Gefühl der Realität vermitteln, und zwar in einer Situation, von der beide eine direkte Anschauung besitzen, nämlich der Analysestunde. Erklärungen und Deutungen für die Ereignisse in der Übertragungs-Gegenübertragungs-Interaktion müßten von der Lebenssituation zwischen Arzt und Patient, der Atmosphäre bestätigt werden, und diese werde von der Interpretation geschaffen. Es gebe einen feinen Unterschied zwischen dem, was man sagt, und dem, was man mit dem Gesagten zeigt. In Wittgensteins Worten: das Sprachspiel basiere auf einer lebendigen Form; wenn nicht, sei es wirkungslos und könne beiseitegeschoben werden. Mit Daniel Stern ist Loch der Meinung, daß etwas wie ein Kern-Selbst an einem frühen Punkt der Entwicklung in der Interaktion mit bedeutsamen Anderen ausgebildet wird, und daß es eine Notwendigkeit gibt, es zu erweitern und die Erfahrungen zu wiederholen, die es nähren, die es am Leben erhalten. Diese Erfahrungen und Handlungen würden allmählich dem Ich übertragen. Daher liege es im Interesse des Ichs, zuallererst die Kontinuität des Kern-Selbst zu garantieren, das mit dem primären Objekt zu tun hat. Für den Wechsel vom Selbst-Ich zum Ich-Selbst sei es wichtig, daß der Analytiker in einem sehr strengen Sinn bei der Abstinenz bleibe, um Beliebigkeit der Konstruktion, Megalomanie und Intropression von Theorien zu vermeiden. Bion habe das glänzend formuliert: kein Verlangen haben, keinen Wunsch haben zu verstehen und von Erinnerungsstücken nicht voreingenommen zu sein. Gleichzeitig sollte der Analytiker und dies ist Lochs Hinzufügung dessen immer eingedenk sein, daß der Patient ihm letztlich ein Rätsel bleiben wird und wenn er das im Sinn behalte, helfe er bei der Erkenntnis, daß an die Stelle von etwas Absolutem der Prozeß der »unendlichen perspektivischen Interpretation«[20] getreten ist.

Wolfgang Lochs konstruktivistisches Credo, sein Insistieren auf der Konstruktion als des wahren Instruments der Analyse zeigt sich schließlich in seinem letzten Lebensabschnitt durch die aktuelle Herausforderung zu einem Beitrag zum Thema des bevorstehenden 39. Internationalen Psychoanalytischen Kongresses »Psychische Realität: Ihr Einfluß auf den Analytiker und den Patienten heute«. In einem posthum erscheinenden Aufsatz »Psychische

---

[20] M. FRANK, 1984.

Realität – Materielle Realität«[21] überprüft er Freuds berühmte Unterscheidung, die ihn seit dem »Entwurf einer Psychologie« als Differenz zwischen externer und Denkrealität beschäftigt und in den »Vorlesungen zur Einführung in die Psychoanalyse« zur Annahme einer Ergänzungsreihe motiviert hatte, da die in der psychoanalytischen Kur konstruierten oder erinnerten infantilen Erlebnisse manchmal »unstreitig falsch«, manchmal »ebenso sicher richtig«, in den häufigsten Fällen aber aus »Wahrem und Falschem« gemengt«[22] seien. Loch relativiert Freuds Unterscheidung auf andere Weise, indem er – ich glaube zu seiner eigenen Überraschung – unbewußten Phänomen als zeitlosen die psychische Natur abspricht, da diese mit zeitlichen Indices verknüpft sein müßten, und sie externen, lokalisierbaren Phänomenen zuordnet, hinzufügend, daß psychoanalytische Therapie erfolgreich werden könne, wenn Deutungen als konkrete, externe Wirklichkeit erfahren werden; konkret erlebte Konstruktionen legten eine neue Basis für das Handeln und Denken des Analysanden. In dieser Sicht konstruieren im Deutungsprozeß die Partner des psychoanalytischen Dialogs im Rahmen einer Übertragungs-Gegenübertragungs-Dynamik – zwei Aspekten eines einheitlichen Phänomens – ihre psychische Realität im Hier und Jetzt in der Hoffnung, daß dadurch eine bessere Grundlage für die innere Befindlichkeit und für zukünftiges Handeln erreicht wird. Die Erkenntnis, daß es keinen festen Bezugsort gebe, von dem aus wir die Welt objektiv erfassen können, und daß wir aus dem Gefängnis unserer Interpretationen nicht herauskommen – in die Realität –, schließe aber nicht aus, daß wir aus lebens- und überlebenspraktischen Gründen die Realität der Welt unterstellen müssen. Nur mit tiefem Bedauern können wir feststellen, daß Wolfgang Loch diese Thesen nicht mehr in einem lebendigen Dialog in San Francisco selbst vertreten konnte.

Richard Rorty, dessen klinische Sorglosigkeit wir nicht teilen müssen, hat sich am eloquentesten gegen traditionelle epistemologische Einschränkungen der Psychoanalyse gewendet und Freud als den Moralisten gepriesen, der »uns dazu verholfen hat, zunehmend ironisch, spielerisch, frei und erfinderisch in unserer Auswahl an Selbstbeschreibungen zu werden« (Rorty, R., 1984, S. 57). Deutungskunst als innovatives, schöpferisches Unterfangen, durch das Zusammenhänge nicht nur aufgedeckt, sondern geschaffen, konstituiert werden, ist auch von Wolfgang Loch immer wieder vertreten worden, was ihn im Sinne der Unterscheidung Martin Bergmanns (Bergmann, M.,

---

[21] W. LOCH, 1995, abgedruckt in diesem Band.
[22] S. FREUD, 1916–1917, S. 382.

1993, S. 929) von Häretikern, Modifizierern und Fortsetzern (heretics, modifiers and extenders) zu einem kongenialen Fortsetzer der Psychoanalyse Sigmund Freuds macht.

Bibliographie

BERGMANN, M. (1993): Reflections on the History of Psychoanalysis. J. Amer. Psychoanal. Assn. 41: 929–955.
BION, W. R. (1977): zitiert nach LOCH, W., 1988.
DOOLITTLE, H. (1976): Huldigung an Freud. Rückblick auf eine Analyse. Mit einer Einleitung von Michael Schröter, Ullstein-Buch Nr. 3217.
DAVIDSON, D. (1982): zitiert nach LOCH, W., 1988.
FRANK, M. (1984): zitiert nach LOCH, W., 1988.
FREUD, S. (1916–1917): Vorlesungen zur Einführung in die Psychoanalyse. GW XI.
– (1923a): Psychoanalyse und Libidotheorie. GW XIII.
– (1933a): Neue Folge der Vorlesungen zur Einführung in die Psychoanalyse. GW XV.
– (1937c): Die endliche und die unendliche Analyse. GW XVI.
– (1937d): Konstruktionen in der Analyse. GW XVI.
LOCH, W. (1976): Psychoanalyse und Wahrheit. Psyche 30: 865–898.
– (1977): Some Comments on the Subject of Psychoanalysis and Truth. In: Thought, Consciousness and Reality. Psychiatry and Humanities, Vol. 2. Ed. J. H. SMITH. New Haven and London.
– (1988): Rekonstruktionen, Konstruktionen, Interpretationen: Vom Selbst-Ich zum Ich-Selbst. Jb. Psychoanal. 23: 37–81.
– (1988): Einleitung in die Diskussion seines Vortrags. Bulletin der EPF 31: 39–43.
– (1995): Psychische Realität – Materielle Realität. Genese-Differenzierung-Synthese. Jb. Psychoanal. 34: 103–141.
RORTY, R. (1984/1988): Freud und die moralische Reflexion. Stuttgart: Philipp Reclam jun.
SIMON, J. (1987): zitiert nach *Loch, W.*, 1988.

Zur Psychoanalyse des Taktgefühls.
Ein Beitrag zur Metapsychologie
der psychoanalytischen Behandlungstechnik

Ekkehard Gattig, Bremen

Ich möchte zuallererst sagen, daß ich mich sehr geehrt fühle, bei der Gelegenheit des Gedenkens an Wolfgang Loch meine Überlegungen zu einem Thema vortragen zu dürfen, das mit seinem Denken und der Art seiner Person so eng verknüpft ist.

Es geht um Taktgefühl. Gleichzeitig muß ich um Nachsicht bitten, daß meine Gedanken dazu nur einen noch sehr vorläufigen Charakter haben können.

In einem Brief vom 22.7.1913 an Freud machte Ernest Jones diesem Mitteilungen über seine Analyse bei Sandor Ferenczi in Budapest. Offenbar war er recht zufrieden mit ihrem Verlauf, deutlich spürte er die Veränderungen in seinem Verhalten und in seinem Charakter; insgesamt fand er anerkennende Worte für seinen Analytiker. Er könne Ferenczi »(...) nicht genug für sein Können und seinen Takt« während der ganzen Analyse loben.[1]

Verfolgt man die Diskussion um behandlungstechnische Fragen in der psychoanalytischen Literatur der letzten Jahre, dann fällt auf, daß der Begriff »Takt« dort nicht mehr erscheint, obwohl er in der Geschichte der Psychoanalyse bereits sehr früh, und zwar von Freud selbst, aufgegriffen worden war. Freud hatte ihm, auch wenn er sich in seinen Schriften nur selten direkt auf ihn bezog, einen durchaus zentralen Stellenwert in seinen Überlegungen zur Behandlungstechnik zugewiesen. Tatsächlich war für ihn der Begriff eng verbunden mit seinen Vorstellungen über die korrekte Durchführung einer Psychoanalyse.

Vielleicht ist ja der Begriff aus der Diskussion verschwunden, weil Psychoanalytiker einen Teil der täglichen Behandlungspraxis aus ihrer Selbstreflexion ausgeblendet haben und wie selbstverständlich davon ausgehen, daß sie sich, geschult durch eine langjährige und in hohem Maße qualifizierende Ausbildung mit anschließender, weiterer Supervision ihrer Arbeit durch erfahrene Kollegen ein Gefühl für Takt im Umgang mit ihren Patienten in einer

---

[1] Freud-Ferenczi, Briefwechsel, Bd. I/2, S. 238.

Weise zu eigen gemacht haben, als sei ihnen das notwendige Taktgefühl gleichsam ins psychoanalytische Blut übergegangen.

»Das Moralische versteht sich ja von selbst« – so hat Freud den Dramatiker Theodor Vischer zitiert.[2] Versteht es sich auch von selbst, daß wir taktvoll sind, wenn wir in der analytischen Situation aktiv sind? Und damit meine ich nicht nur die Formen unseres sprachlichen Verhaltens, wenn wir die verschlungenen Wege gehen, die zu Deutungen führen sollen, sondern auch all diejenigen Aktivitäten, mit denen wir das Setting, die Atmosphäre und die analytische Beziehung herstellen, stabilisieren und sichern. Und wie ist es, wenn wir passiv sind?

Takt: Vielleicht wird überhaupt deshalb über diesen Begriff nicht mehr geredet, weil wir eben nicht immer taktvoll sind? Dann kommt noch hinzu: wollen wir es als Psychoanalytiker überhaupt sein? Die Vielzahl von Fragen soll deutlich machen, daß es etwas gibt, worüber zu reden ist.

In seiner 1910 erschienenen Arbeit »Über ›wilde‹ Psychoanalyse« hat Freud den Begriff »Takt« in die Technik-Diskussion eingeführt und ein Beispiel von »taktlosem« Verhalten des Arztes als Ausdruck mangelnder theoretischer Kenntnisse über die Natur neurotischer Erkrankungen und fehlender Behandlungserfahrung gegeben, fehlenden Takt damit zu einem ärztlichen Kunstfehler erklärt. In dieser Arbeit bezieht sich Freud auf die Begegnung mit einer Patientin, die ihn wegen heftiger Angstzustände aufgesucht hatte. Die Patientin war »(...) in der zweiten Hälfte der vierziger Jahre, ziemlich gut erhalten, hatte offenbar mit ihrer Weiblichkeit noch nicht abgeschlossen«.[3] Ihre Ängste hatten sich nach der Scheidung von ihrem Mann entwickelt. Ein junger Arzt, den sie daraufhin konsultierte, hatte ihr mitgeteilt, Ursache ihrer Erkrankung sei sexuelle Bedürftigkeit, Heilung gebe es durch Beseitigung dieses Notstandes.

In seiner Diskussion des Falles kommt Freud zu dem Ergebnis, der junge Arzt habe taktlos gehandelt, weil er sich als unwissend und unerfahren erwiesen habe. Er habe technische Vorschriften und theoretische Kenntnisse mißachtet. Die Deutung des Arztes war, wenn sie zutreffend wäre, zu früh; tatsächlich war sie aber zudem falsch. Freud zieht daraus den Schluß: »Ein psychoanalytischer Eingriff setzt also durchaus einen längeren Kontakt mit dem Kranken voraus, und Versuche, den Kranken durch die brüske Mitteilung seiner vom Arzt erratenen Geheimnisse (...) zu überrumpeln, sind tech-

---

[2] S. Freud, 1905, S. 25.
[3] S. Freud, 1910, S. 118.

nisch verwerflich und strafen sich meist dadurch, daß sie dem Arzt die herzliche Feindschaft des Kranken zuziehen (...)«.[4]

13 Jahre später, 1926, formuliert Freud in »Die Frage der Laienanalyse«, auch eine inhaltlich richtige Deutung könne nur dann zum Erfolg führen, wenn sie auch zum »richtigen Moment« erfolge und eben dies sei »(...) Sache eines Taktes, der durch Erfahrung sehr verfeinert werden kann. Sie begehen einen schweren Fehler, wenn Sie etwa im Bestreben, die Analyse zu verkürzen, dem Patienten ihre Deutungen an den Kopf werfen«.[5]

Diese letzte, für Freud in seinem wissenschaftlichen Werk eher ungewöhnlich drastische Formulierung hat meine Aufmerksamkeit geweckt. Der dahinter spürbare Affekt scheint zu belegen, daß Freud diesem Aspekt des »rechten Zeitpunktes« einer Deutung große Bedeutung zubilligte und im »zeitgerechten«, eben taktvollen Umgang mit dem analytischen Wissen einen hohen Wert für die Entwicklung einer analytischen Behandlungskompetenz sah.

Ich fasse die Überlegungen Freuds zusammen: Takt ist ihm ein zentraler Begriff der psychoanalytischen Behandlungstechnik und begründet wesentlich die Kunst der Deutung. Takt ist kein »unfaßbarer« Begriff, ist nicht Ersatz für die Begabung des Künstlers, sondern Ergebnis der Anwendung technischer und theoretischer Kenntnisse. Inhaltlich meint Takt die Fähigkeit des Analytikers, für eine richtige Deutung den rechten Zeitpunkt zu wählen.

1928 hielt Sandor Ferenczi vor der Ungarischen Psychoanalytischen Vereinigung einen Vortrag mit dem Titel: »Die Elastizität der psychoanalytischen Technik«. In diesem Vortrag faßte er die Ergebnisse der damals so lebhaften Technik-Debatte und Erfahrungen mit seiner eigenen »aktiven« Technik zusammen. Seine Gedanken in diesem Vortrag sind getragen von der Überzeugung, »daß jeder, der einen anderen analysieren will, zuerst selber analysiert sein muß«.[6]

Erst damit könne gelingen, die Arbeit einer psychoanalytischen Behandlung vom mystischen Nebel zu befreien, eine »Umwandlung der Kunst der Menschenkenntnis in eine Art Handwerk«[7] werde zwar die Menschen in »ihrer Vorliebe für das Wunderbare« enttäuschen, dafür aber werde die Unfaßbarkeit all dessen, was bislang mit dem Begriff »persönliche Gleichung«

---

[4] S. FREUD, 1910, S. 124.
[5] S. FREUD, 1926, S. 250.
[6] S. FERENCZI, 1972, Bd. II, S. 238.
[7] aaO., S. 237.

umschrieben werden müsse, auf eine Basis größerer Rationalität gehoben, technisches Handeln werde objektivierbar, Differenzen in der Technik würden sich so verringern.

Zur Erklärung behandlungstechnischer Vorgehensweisen bliebe letztlich nur ein bestimmendes Element: eben Taktgefühl. Es allein entscheidet dann über Zeitpunkt, Form und Inhalt einer Deutung, prägt die Haltung des Analytikers. Ferenczi schreibt dann:

> »Was ist überhaupt Takt? Die Antwort auf diese Frage fällt uns nicht schwer. Takt ist Einfühlungsvermögen. Gelingt es uns mit Hilfe unseres Wissens, das wir aus der Zergliederung unseres Selbst geholt haben, die möglichen oder wahrscheinlichen, aber ihm selbst noch ungeahnten Assoziationen des Patienten zu vergegenwärtigen, so können wir, da wir nicht, wie der Patient, mit Widerständen zu kämpfen haben, nicht nur die zurückgehaltenen Gedanken des Patienten erraten, sondern auch Tendenzen, die ihm unbewußt sind. Indem wir gleichzeitig der Stärke des Widerstandes fortwährend gewärtig bleiben, wird es uns nicht schwer fallen, die Entscheidung über die eventuelle Aktualität einer Mitteilung und auch über die Form, in die sie gekleidet werden muß, zu fällen. Diese Einfühlung wird uns davor hüten, den Widerstand des Patienten unnötig oder unzeitgemäß zu reizen; das Leiden ganz zu ersparen, ist allerdings auch der Psychoanalyse nicht gegeben, ja, ein Leid ertragen zu lernen, ist einer der Haupterfolge der Psychoanalyse.«[8]

Ferenczi beschreibt hier das technische Vorgehen als ein Ergebnis intrapsychischer Prozesse beim Analytiker. Freud, dessen Urteil Ferenczi vor der Publikation seines Vortrages eingeholt hatte, hatte diesem am 4. 1. 1928 geschrieben:

> »(...) meine seinerzeit gegebenen Ratschläge zur Technik waren wesentlich negativ. Ich hielt es für das Wichtigste herauszuheben, was man nicht tun soll (...) Fast alles, was man positiv tun soll, habe ich dem von Ihnen eingeführten ›Takt‹ überlassen«.[9]

Natürlich verschweigt Freud hier, daß ihm die Bedeutung des subjektiven Faktors für eine Metapsychologie der Technik sehr wohl bewußt war. Aber er hatte verzichtet, dazu öffentlich weiteres zu sagen, weil er fürchtete, der Willkür unerfahrener Behandler Vorschub zu leisten. Hier nun schreibt er: »Alle, die keinen Takt haben, werden darin eine Rechtfertigung der Willkür,

---

[8] aaO., S. 239.
[9] S. FERENCZI, 1972, S. 248.

d. h. (...) des Einflusses der unbezwungenen Eigenkomplexe sehen.«[10] Aber Freud spürt jetzt auch, daß Ferenczi sich anschickt, seine eigenen Gedanken von 1910 wiederaufzunehmen und zu einer Metapsychologie der Behandlungstechnik zu erweitern. So gibt er Ferenczi den Hinweis mit auf den Weg: Takt sei letztlich eine »(...) meist vorbewußt bleibende Abwägung«[11] der erwarteten Wirkungen von Deutungen auf die Dynamik des intrapsychischen Geschehens, abhängig von der Erfahrung und der »Normalität« des Analytikers.

Mit diesem Wort »Normalität« bin ich bei einer der zentralen Fragen angelangt, die mich hier beschäftigen. Wie drückt sich die Erfahrung von Normalität im Erleben des Neurotikers aus, wie die Normalität des Analytikers im Moment seiner Deutungsaktivität? Könnten wir der Antwort auf diese Frage näher kommen, würden wir einen Auftrag Freuds erfüllt haben, »(...) den Takt (...) seines mystischen Charakters (zu) entkleiden«.[12]

Bei Ferenczi bleibt also das Gewicht theoretischen Wissens erhalten, den Faktor »klinische Erfahrung« differenziert er in Behandlungserfahrung und analytische Selbsterfahrung. In seinem Verständnis wird Takt zu einer Fähigkeit des Analytikers, durch einen besonders befähigten Umgang mit den Widerständen eines Patienten diesem einen Weg zu eröffnen, Leid zu ertragen.

An dieser Stelle möchte ich die Überlegungen eines Denkers in anderen Zusammenhängen zu Hilfe nehmen. Es ist eine kurze Textstelle aus den »Minima Moralia« von Theodor W. Adorno aus dem Jahre 1979. In »Zur Dialektik des Takts« bringt Adorno den Begriff mit historisch-gesellschaftlichen Abläufen in Verbindung und gibt ihm eine »historische Stunde«:

> »Es ist die, in welcher das bürgerliche Individuum des absolutistischen Zwangs ledig ward. Frei und einsam steht es für sich selbst ein, während die vom Absolutismus entwickelten Formen hierarchischer Achtung und Rücksicht, ihres ökonomischen Grundes und ihrer bedrohlichen Gewalt entäußert, gerade noch gegenwärtig genug sind, um das Zusammenleben innerhalb bevorzugter Gruppen erträglich zu machen.«[13]

Voraussetzung des Takts sei die in sich gebrochene und doch noch gegenwärtige Konvention. Nun meint Adorno aber nicht einfach eine besondere Qualität der Überwindung eines in Auflösung befindlichen, regelhaften und da-

---

[10] aaO., S. 248 f.
[11] aaO., S. 249.
[12] aaO., S. 166.
[13] Th. W. Adorno, 1979, S. 36.

durch selbstverständlich gewordenen Anstands. Damit wäre die Zerstörung der Konvention selbst an weitere, neue gebunden, Anstand würde sozusagen »mit Anstand« beseitigt. Takt dagegen – so meint Adorno – sei von jeglicher Konvention emanzipiert und richte sich »(...) allein nach der spezifischen Beschaffenheit eines jeglichen menschlichen Verhältnisses (...)«.[14]

Gleichzeitig bedürfe taktvolles Verhalten aber immer auch der Konvention, der Anerkennung von etwas Geltendem, an dem es sich messen kann. Schweigen ist taktvoll nur durch das Wissen darum, daß es etwas zu reden gibt. So sei die Leistung des Takts eine paradoxe und verlange die »(...) eigentlich unmögliche Versöhnung zwischen dem unbestätigten Anspruch der Konvention und dem ungebärdigen des Individuums«.[15]

Adornos Text liest sich – wie ich finde – wie ein Beitrag zur psychoanalytischen Technik-Debatte.

Der analytische Prozeß ist dem Patienten, der ihn aufsucht, um Hilfe zu bekommen, auch eine Bedrohung. Er verlangt von ihm, mühsam errungene Formen der Konfliktbewältigung zu hinterfragen, sie sogar aufzugeben, die doch bisher – wenn auch um den Preis neurotischen Elends und quälender Krankheitssymptome – zumindest eine gewisse Sicherheit und Stabilität, also die Erfahrung eines inneren Gleichgewichtes vermittelt hatte. Die neurotische Praxis einer Anpassung an innere und äußere Realität hat zwar so ihren Preis, aber auch ihren Gewinn. So ist sie ihm zur Konvention geworden. Da sie immer unzureichend bleibt, wirkliche Befriedigung nie zu bieten vermag, produziert die Konvention ein Bedürfnis, sich selbst aufzuheben, sich selbst revolutionär zu überwinden. Der erfahrene Gewinn aber ist es, der einen Patienten antreibt, im Wiederholungszwang die ersehnten Veränderungen zu hintertreiben, zu hemmen und erreichte Erfolge wieder zu vernichten, damit Heilung hinauszuzögern. Dieser Konflikt zwischen konservativen und revolutionären Kräften belebt die analytische Arbeit. Innere Veränderung aber ist nur möglich durch Zerstörung von Konventionen.

»Was immer die Fortsetzung der Arbeit stört, ist ein Widerstand« hatte Freud[16] formuliert. Inzwischen sind wir mit der Beobachtung und Handhabung der Äußerungsformen des Widerstandes so vertraut, daß wir sogar erwarten, der Patient werde auf eine Deutung mit vermehrten Anstrengungen

---

[14] aaO., S. 37.
[15] aaO., S. 37.
[16] S. Freud, 1900, S. 521.

reagieren, eine befürchtete Gefährdung seines psychischen Gleichgewichtes abzuwehren.

Es sind dieses Festhalten am Wiederholungszwang und die Unfähigkeit, Ambivalenz und Konflikt zu ertragen, die Veränderungserfahrungen tabuisieren und damit Normalität verhindern.[17] Die aber ist Ziel der analytischen Arbeit. Mit Hilfe und im Moment der Deutung des Analytikers kann sie hergestellt und erfahren, d. h. erlebt und empfunden werden.

Hier nun meine These: Takt ist konstitutives Merkmal eines bestimmten, aktuellen Geschehens in der analytischen Situation, in der durch die besondere Handhabung des Tabubruches aus der Pathologie eines Patienten seine Normalität auftaucht und der Normalität des Analytikers begegnet, so daß es in diesem Moment zur beiderseitigen Erfahrung einer persönlichen, einzigartigen und authentischen Begegnung kommt.

Insofern ist Takt ein Aspekt der Professionalisierung der analytischen Aktivität,[18] die zur Herstellung einer analytischen Beziehung befähigt, in der Professionalität überwunden ist. Alle Aktivität des Analytikers geschieht in der Hoffnung auf die Erreichbarkeit dieses Moments, ohne ihn selbst anzustreben.

Diese These möchte ich im folgenden diskutieren. Erlauben Sie mir dazu zuerst eine persönliche Anmerkung. Vor fast genau 10 Jahren, am 9. März 1985, habe ich in Tübingen meinen Vortrag zur Erlangung der ordentlichen Mitgliedschaft in der Deutschen Psychoanalytischen Vereinigung gehalten. Er hatte den Titel: »Primäre Identifizierung – die Internalisierung einer Interaktion«. Wolfgang Loch war unter den Zuhörern, seine Anwesenheit hatte meine Aufregung zunächst vergrößert, seine Zustimmung zu meinen Gedanken hatte mich beruhigt.

In diesem Vortrag hatte ich die Prozesse der frühesten Ich-Bildung, des Vor-Ich, wie Loch 1965 geschrieben hatte, als das Zusammenspiel der wechselseitigen Aktivitäten des Neugeborenen und seiner Mutter skizziert.[19] Ich hatte die besonderen Formen dieser Aktivitäten hervorgehoben, die der »anfänglichen Hilflosigkeit« des Säuglings[20] eine bestimmende Funktion für die Gestaltung seiner Beziehung zum ersten Objekt und damit für seine psychische Organisation verleihen. Freud hatte hinzugefügt, daß die noch undiffe-

---

[17] B. Joseph, 1994, S. 55.
[18] A. Haynal, 1989, S. 35.
[19] E. Gattig, 1988.
[20] So Freud in den Briefen an Fliess, 1950, S. 326.

renzierte, psychomotorische Aktivität des Säuglings eine »höchstwichtige Sekundärfunktion für die Verständigung« habe und letztlich die »Urquelle aller sozialen Motive« sei.[21]

Es ist ein dialektischer Prozeß zwischen den Auswirkungen einer bestimmten psychosomatischen Befindlichkeit und deren Ausdrucksformen in der Beziehung und den Rückwirkungen der sich darin entwickelnden Regelhaftigkeit auf die Strukturierung des Psychischen.

Während Jappe 1976 formuliert hatte: »Das eigentliche primär-narzißtisch besetzte Ich wäre also keine Einzelperson, sondern die Einheit von Mutter und Kind«, hatte ich den Prozeß in den Vordergrund gestellt, durch den Einheit oder – wie Lorenzer 1972 meint – Einigung erst hergestellt wird und ihn eine »gleichwertige Beziehung zweier ungleicher Partner«[22] genannt.

Der Schluß meines Vortrages lautete: »Die vom Analysanden ersehnte, vom Analytiker hergestellte und gewährte Atmosphäre ist als Teil des Settings Bestandteil einer regelhaften Interaktion. Sie ist deshalb Teil unserer analytischen Methodik und sollte daher unser theoretisches Interesse finden oder es vielleicht behalten können.«[23]

Diese regelhafte Interaktion ist in der analytischen Behandlung die Übertragungsneurose, als das dranghaft-gestaltende Element der analytischen Beziehung. Hier sind es die dialektischen Beziehungen zwischen Bewußtem und Unbewußtem bei beiden Partnern der Interaktion,[24] bezogen aufeinander und die dadurch hergestellte Struktur des Zusammenspiels zwischen den Elementen des Settings und Aspekten der Atmosphäre, die den »stillen Hintergrund«[25] den »Zwischenraum«[26] oder den »Möglichkeitsraum«[27] konstituieren.

Was geschieht mit, was geschieht in einem Patienten, der die Analyse aufsucht? Was kann, was muß er erwarten, worauf kann er hoffen und was wird er fürchten?

Jeder Patient kommt mit dem Wunsch, etwas für sich zu tun, etwas zu verändern, damit es ihm besser geht. Er will, daß Krankheitssymptome ver-

---

[21] aaO., S. 326.
[22] E. GATTIG, 1982.
[23] E. GATTIG, 1988, S. 13.
[24] Vgl. TH. OGDEN, 1992.
[25] H. THOMÄ, 1981.
[26] D. W. WINNICOTT, 1971.
[27] M. M. R. KHAN, 1983.

schwinden, unlustvolle Empfindungen aufhören oder zumindest weniger quälend werden und sich sein Potential, Glück und Zufriedenheit zu erreichen, spürbar vergrößern möge. Nicht unbedingt will er sich selbst verändern. Jedenfalls sollten wir das nicht voraussetzen, sicher aber sollten wir es ihm nicht abverlangen. Weiter geht wohl jeder Patient auch davon aus, die erhofften Veränderungen in seinem Befinden als eine Auswirkung der selbstverständlich vorausgesetzten Kompetenz des Analytikers verstehen zu können; hier wird er dann erstmals überrascht, denn diese Kompetenz bleibt für ihn zunächst noch unentdeckt. Gewiß, der Analytiker ist gleichbleibend freundlich und wohlwollend, die Atmosphäre in den Sitzungen deshalb angenehm. Störungen von außen bleiben eher eine Ausnahme; daß zuweilen die Heizung zu niedrig, manchmal zu hoch eingestellt ist, vermag diesen Eindruck nicht wirklich zu trüben. Dennoch bleibt eine besondere Kompetenz des Analytikers noch unklar.

Für ihn selbst noch unmerklich beginnt der Patient, seine Phantasietätigkeit mehr und mehr auf die Elemente der neuen Situation und die Person des Analytikers zu richten und macht sie so zu Teilen seiner inneren Welt. Unter der Wirkung von Spaltung, Projektion und Introjektion entfalten sich nunmehr die Kräfte der Übertragung. Oder ist nicht doch diese Art der gewohnten Beschreibung zu ungenau? Müßte es vielleicht eher heißen: der Patient beginnt nicht zu übertragen, das tut er von Anfang an, sondern wir beginnen zu merken und zu verstehen, was er tut? Ich will aber zunächst in der gewohnten Sichtweise verbleiben.

Das Erleben der analytischen Situation gerät unter die Herrschaft der inneren Objekte, konflikthafte Erfahrungen mit den Objekten der infantilen Vorgeschichte und deren triebbedingt-verzerrte Erinnerungen werden reaktiviert und beginnen, die Struktur des analytischen Dialogs zu formen, die Übertragungsneurose etabliert sich. In ihr findet die Ich-Struktur des Patienten ihren Niederschlag, der Prozeß und die Produkte von Identifizierungsvorgängen werden sichtbar, wenn die Geschichte der früheren Objektwahlen und deren Schicksale lebendig wird. Auf diese Weise erfahren wir die Inhalte der unbewußten Phantasien des Patienten und die Mechanismen der gegen sie gerichteten Abwehr. Schließlich wird davon nicht mehr nur die Person des Analytikers erfaßt, sondern die gesamte Situation, in der sich die analytische Beziehung ereignet. Die Übertragungsneurose selbst wird zum Rahmen, »(...) innerhalb dessen fortwährend Entwicklung und Aktivität stattfinden«.[28]

---

[28] B. JOSEPH, 1994, S. 231.

Besonders Wurmser hat 1988 darauf hingewiesen, daß eine sorgfältige Analyse der Übertragung der Abwehr erforderlich ist. Sie wird belegen, daß die psychische Aktivität des Patienten eben nicht allein auf Überwindung des Alten, Störenden und Hemmenden gerichtet ist, Entwicklung ist eben nicht das alleinige Ziel. Sie ist ja notwendig verbunden mit der Zerstörung des Vertrauten und Gewohnten und mobilisiert gerade deshalb die Bereitschaft zur Selbstverteidigung.

Gemeint ist zuallererst und ganz allgemein die Abwehr von Unlustgefühlen. Letztlich geht es aber immer um die vielfältigen Ausdrucksformen jener frühen traumatischen Angst vor dem Verlust des primären Objektes, die sich als eine Angst vor dem Ich-Verlust erhalten hat. Denn im Psychischen kann »(...) nichts (...) untergehen« wie Freud 1930 im »Unbehagen in der Kultur« sagt.

Die Aufhebung der Abwehr durch die Deutungen des Analytikers enthält für den Patienten ein Moment der Bedrohung seiner Selbstsicherheit, bis hin zum Gefühl einer Gefährdung seines Selbst. Jeder Psychoanalytiker weiß das und ist bemüht, in der Formulierung seiner Deutung und in der Wahl des Zeitpunktes diesem Wissen entsprechend zu handeln. Übrigens wissen das auch unsere Patienten und die Dichter wissen es auch. Bei Goethe habe ich einen Satz gefunden, der dieses Wissen ausdrückt. Ich möchte ihn zitieren, weil ich weiß, es würde Wolfgang Loch gefreut haben, Goethe in diesen Zusammenhang einer psychoanalytischen Technik-Diskussion gestellt zu sehen. Im »Wilhelm Meister« schreibt Goethe: »Der Mensch kann in keine gefährlichere Lage versetzt werden, als wenn durch äußere Umstände eine große Veränderung seines Zustandes bewirkt wird, ohne daß seine Art zu empfinden und zu denken darauf vorbereitet ist.«

Diese »äußeren Umstände« sind in der analytischen Situation die Deutungen des Analytikers. Durch die Tiefe seiner neurotischen Ängste führen sie den Patienten an die Urerfahrung heran, im Verlust des Primärobjektes einen Verlust aller Konvention und damit einen Verlust seiner intrapsychischen Organisation zu erfahren. »Frei und einsam« – so hatte es Adorno formuliert – muß er nun für sich selber einstehen. Ähnlich hatte es eine Patientin von mir ausgedrückt, in deren Analyse das Bedürfnis nach Selbstschutz eine besondere Rolle spielte. Als ich ihr einmal diese Zusammenhänge deutete, reagierte sie mit einem spontanen Lachen. Ich sagte ihr darauf: »Ihr Lachen meint wohl, an meiner Überlegung könnte was dran sein.« Darauf sie, nun wieder ganz ernst: »Bald wird an mir nichts mehr dran sein, wenn Sie weiter solche Deutungen geben.«

Was die Patientin mir in diesem Moment mitteilte, enthielt ihre Deutung der aktuellen Situation, ihre Phantasie über das aktuelle und das weitere Geschehen in der Analyse und ihre Erwartung der damit verbundenen Gefühle einer Enttäuschung am eigenen Selbst. Sie spricht von ihrem narzißtischen Problem. Meine Deutungen könnten ihr etwas wegnehmen, ihr das »Fleisch von den Knochen holen«, bis an ihr nichts mehr dran sein würde, sich ihr Ich als ohnmächtig und hilflos erweisen würde, weil dann mein Fleisch auf ihren Knochen säße. Diese Phantasie läßt erkennen, daß ihr Selbstgefühl wesentlich durch die Abwehranstrengungen gegenüber der dranghaften Natur ihrer Triebwünsche definiert war. Es geht aber nicht allein um den narzißtischen Affekt der Beschämung; ihr Lachen drückt ja auch Zustimmung zu meinem Bemühen um Verstehen aus, fordert mich auf, darin nicht nachzulassen. Zwar soll ich den neurotisch-illusionären Abwehrschutz weiter attackieren, ihr aber gleichzeitig eine Atmosphäre erhalten, in der die Erfahrung eines wirklich hilfreichen Schutzes möglich wird.

Zur Doppelgesichtigkeit eines solchen narzißtischen Konfliktes hat Glasser 1990 interessante Ausführungen gemacht, die ich in meiner klinischen Praxis als sehr hilfreich erlebe. Er spricht von einem Kern-Komplex und beschreibt diesen als ein besonderes Zusammenwirken narzißtischer Bedürfnisse, damit verbundener Ängste und wiederum durch sie ausgelöster Abwehrbewegungen. Der Komplex besteht aus drei voneinander unterscheidbaren, psychischen Vorgängen. Ich zitiere Glasser:

1. »Eine tief begründete Sehnsucht nach erfüllender Sättigung und Sicherheit durch Fusion mit der idealisierten Mutter; in diesem Kontext können wir dies als die Phantasie der letztendlichen Erfüllung beschreiben, oder als Phantasie des primären Narzißmus;
2. Die Angst, die die Erwartung der Fusion weckt, vor allem, das vollständige Aufgehen in der Mutter und der damit verbundenen totalen Annihilierung des Selbst;
3. Die damit verbundenen Abwehrreaktionen:
   a) narzißtischer Rückzug mit dem Ziel der Selbstsicherung, was aber zu Ängsten vor Verlassenheit und Desintegration führt, verbunden mit begleitenden Gefühlszuständen der Isolierung, Depression und eines Mangels an Selbstachtung, und das schließlich zum Wunsch nach der Befriedigung, Sicherheit und dem Gehalten-Werden in der Fusion mit der Mutter führt; und von entscheidender Bedeutung,
   b) selbsterhaltende Aggression mit dem Ziel der Vernichtung der annihilierenden Mutter, was zu weiteren Ängsten vor totalem Verlust der Mutter führt. Darüber hinaus folgt, weil a) und b) miteinander konkurrieren, daß die Aggression auch gegen das Selbst gerichtet wird.«

Anzumerken ist, daß dieser Kern-Komplex nicht allein bei den schweren narzißtischen Charakterstörungen zu beobachten ist, sondern sich in unterschiedlicher Ausprägung prinzipiell bei allen neurotischen Erkrankungen manifestieren kann. Ich meine sogar, daß er letztlich bei jeder wesentlichen, also Veränderung bewirkenden Deutung aktiviert wird.

Denn jetzt können wir – das bisher Gesagte zusammenfassend – postulieren, daß in der neurotischen Konfliktlösung, also in der Konvention eines Patienten, die Reste seiner Sehnsucht nach erfüllender Fusion mit der Mutter enthalten sind und mit jeder Deutung die in dieser Sehnsucht sich darstellende Phantasie einer möglichen narzißtischen Befriedigung gefährdet werden kann. Natürlich führt jede gelungene Deutung immer auch zu einer Erweiterung der integrativen Funktionen des Ich. Ich will hier aber ganz bewußt nur die Seite der durch Deutungen provozierten Prozesse von Desintegration beschreiben, und zwar als Äußerung einer Aktivität, mit der im Sinne Winnicotts[29] Zerstörung zum Zwecke der Abwehr erfolgt, um in diesem Akt der letzten Angst vor dem Verlust von Struktur, der Angst also vor dem Schmerz einer Vernichtung der psychischen Existenz zu entgehen. »Schlaf und Sterben sind eigenschaftslos« hat die Lyrikerin Nelly Sachs geschrieben. Es handelt sich hier psychische Prozesse, die an den psychotischen Kern heranführen, an die letzten Bastionen psychischer Strukturbildung. »Normalerweise ist uns nichts gesicherter als das Gefühl unseres Selbst, unseres eigenen Ichs« hatte dazu Freud[30] bemerkt.

Glassers Konzept des narzißtischen Konflikts erzwingt die Annahme, daß es wegen der Sehnsucht nach narzißtischer Fusion eine drängende Kraft hin zum Wiedererleben des Traumas gibt. Angst entsteht dabei nicht allein durch die Erwartung der traumatischen Verletzung, sondern zugleich durch Phantasien über das Wie der Annäherung an diese Situation.

Um den unabwendbaren Schmerz zu ertragen, bedarf es eines Moments von Selbstgewißheit, dessen Quelle nicht allein die Erfahrung des Ich in der Verfügung über seine Anpassungsfunktionen sein kann. Denn diese gilt es ja zu überwinden, insofern die Struktur des Ichs Teil der Triebnatur des Menschen ist, Ausdruck seiner Geschichte; das Ich ist ein Triebschicksal, gebunden an die Aufgabe, das Selbst aus einem Zustand der »Unintegration«[31] herauszuführen. Loch hat darauf hingewiesen, daß zur Gestaltung des Triebes

---

[29] D. W. WINNICOTT, 1984, S. 79.
[30] S. FREUD, 1930, S. 423.
[31] D. W. WINNICOTT, 1984, S. 79.

die Arbeitsfähigkeit einer »seelischen Funktion« immer schon gegeben sein muß.[32] Dies deutet erneut auf die dialektische Struktur des Psychischen: die Existenz einer seelischen Funktion ist Voraussetzung für die Gestaltung des Triebes; dessen Gestalt wiederum bestimmt die Struktur der psychischen Funktion. Diese Dialektik können wir nicht aufheben, nicht überwinden. Sie muß uns gegenwärtig bleiben.

Die »anfängliche Hilflosigkeit« des Säuglings und deren »höchstwichtige Sekundärfunktion für die Verständigung«[33] ist als Primärerfahrung Vorstufe und Grundmuster aller späteren Objektbindungen. Als Erfahrung wird sie Strukturelement der analytischen Beziehung. So wie das Ich Resultat einer bestimmten Struktur der Einigung zwischen Mutter und Kind ist, so formt sich die Struktur der Übertragungsneurose im Prozeß einer Einigung zwischen Patient und Analytiker. Das Angebot des Patienten, an dieser Einigung mitzuwirken, besteht auch in der Bereitschaft, seinen neurotischen Selbstschutz aufzugeben.

Es ist diese Anerkennung der notwendigen Existenz eines schützenswerten Raumes zwischen Patient und Analytiker, die den Prozeß der Desintegration kreativ bleiben läßt. Dieser Raum muß die konkrete Erfahrung von Triebaktivität überschreiten können, die Welt der Wünsche und ihrer Umgestaltungen, zumal der neurotischen; er führt in den Bereich der »Menschlichkeit des Menschen«, so hat ihn Beres 1967 genannt. Über die individuell bestimmten Quellen der Angst und den Formen ihrer Abwehr hinaus gibt es ein psycho-biologisches Bedürfnis nach Schutz – Selbstschutz – das die Grenze individueller Triebschicksale verläßt und eine Verbindung herstellt zu menschlicher »Normalität«. Im Moment der Einigung zwischen Patient und Analytiker kommt es zur gegenseitigen Anerkennung der für beide gleichermaßen gültigen Bedingungen dieser Normalität.

Ein solches Bedürfnis nach Teilhabe an der Normalität könnte zu den »(…) ältesten, stärksten und dringendsten Wünschen« gehören – so hatte es Freud 1927 in seiner Arbeit in »Die Zukunft einer Illusion« formuliert – und als ein Aspekt der Sehnsucht nach dem »Vaterschutz« verstanden werden. Loch hat diesen Gedanken mehrfach betont.[34] Damit kann die Phantasie von

---

[32] W. LOCH, 1977, S. 20.
[33] S. FREUD, 1950, S. 326.
[34] z. B. W. LOCH, 1993, S. 65.

der »(...) Wiederherstellung des uneingeschränkten Narzißmus (...) vom Vordergrund abgedrängt (...)«[35] werden.

Henseler meint wohl in seinen »Überlegungen zur Psychogenese der Religiosität« von 1993 Ähnliches, wenn er unsere Scheu einem gläubigen Menschen gegenüber mit der Einfühlung in dessen Schutzbedürftigkeit in Zusammenhang bringt. »Diese Schutzbedürftigkeit« – so schreibt er[36] – »spürt sein Gegenüber und stellt sie taktvoll nicht in Frage.«

Einige Anmerkungen sind nun über die innere Situation des Analytikers zu machen. Was befähigt ihn und was behindert ihn, taktvoll zu sein? Welche inneren Bereitschaften, Einstellungen muß er anbieten können, um über die Rekonstruktion der Biographie hinaus psychisches Wachstum zu ermöglichen, damit aus dem psychotherapeutischen ein psychoanalytischer Prozeß werden kann, in dem Begegnung möglich wird?

Es muß in ihm ein zum Erleben des Patienten analoges Geschehen zustande kommen können, der Analytiker muß sich freimachen von eigenen Konventionen. Damit ist natürlich erfaßt, was Bion uns mit seiner Formulierung der analytischen Funktion gleichschwebender Aufmerksamkeit angeboten hat: »no memory, no desire, no understanding«.[37] Mit dieser Haltung könne in der analytischen Situation die notwendige Sicherheitsvoraussetzung geschaffen werden, Unbekanntes zu denken, d. h. zu erleben. Für den Analytiker bedeutet dies – so hat Beland 1990 Bion interpretiert – mutig die gefährliche Erfahrung des Unbekannten zu suchen, ohne die Waffen des Wissens und Wünschens. Dennoch müssen wir uns wohl immer vergegenwärtigen, daß Waffen jederzeit vorhanden sind. Unsere Anstrengung muß eben darin bestehen, sie nicht zu benutzen und dennoch zu wissen, daß wir etwas zerstören. Wir sind Tabubrecher. Tatsächlich sind wir die »verfolgende Unschuld«, um ein Wort von Karl Kraus zu benutzen. Von Bion wird berichtet,[38] er habe in der Gestalt von Grabräubern den Prototyp des Analytikers und seiner Art der Annäherung an das Unbewußte gesehen. Es geht um die Professionalisierung des Tabubruches – also wird es auch um die Tabus des Analytikers gehen müssen, um all das, was ihm Schutz und Selbstschutz ist.

Der Analytiker muß über theoretische Kenntnisse und klinische Erfahrung verfügen – und darauf verzichten können. In der Lehranalyse soll er das

---

[35] S. Freud, 1930, S. 430.
[36] H. Henseler, 1993, S. 412.
[37] W. Bion, 1967.
[38] H. Beland, 1990.

eigene Unbewußte, die Inhalte und Quellen seiner Angst und die Formen der Abwehr dagegen erfahren und vielleicht sogar überwunden haben – und in jeder Behandlungsstunde von neuem Angst haben können. In seiner Teilhabe an den Konventionen einer analytischen Gemeinschaft soll er Schutz finden – aber jederzeit Einsamkeit ertragen können. Er soll – wie Meltzer[39] meint – die analytische Arbeit unter Anstrengung leisten, bis an die Grenze, wo es weh tut – und darf sich dabei nicht überfordern.

Er soll gutes Geld verdienen dürfen – ohne dessen Besitz zu idealisieren.

Wahrlich, er muß in »guter Kondition« sein, wie wiederum Meltzer 1995 schreibt.

Ich komme zum Schluß: In seinem Vortrag: »Fühlen – Denken – Verstehen« auf der DPV-Tagung 1993 in Bremen gab Loch ein klinisches Beispiel für das, was sich im Moment einer gelungenen Deutung ereignen kann. Es ist kurz, und ich will es deshalb zitieren:

> »Es ging in einer Sitzung um die einen fast 50-jährigen Patienten beunruhigende Beobachtung, die er mit seiner Hemmung, autonom zu arbeiten und einen eigenen Gedanken spontan und unabhängig vom Gegenüber zu entwickeln, weil er immer sofort nur noch den anderen sprechen hörte und sich ganz von dessen Gedanken besetzt bzw. von ihnen eingeschlossen vorkam, zusammenbrachte. Ich sagte daraufhin, nicht ohne dies schon in vergangenen Sitzungen bemerkt zu haben, daß in unserer Begegnung etwas Ähnliches abläuft.
> Ich ›glaubte‹ aber seit einer ersten Begegnung mit ihm, daß er au fond über genügend produktive Einbildungskraft verfüge, um für sich Sinn und Bedeutung zu finden oder zu konstruieren und in seinem Beruf bestehen zu können. In der Stunde erinnerte ich mich an mehrere ihm bekannt gewordene Abtreibungen seiner Mutter und fügte hinzu, daß er vielleicht sich in die Gedanken eines anderen hineinbegebe, weil er fürchte, draußen und auch hier abgetrieben zu werden. Der Patient fühlte sich durch diese Intervention tief berührt und momentan frei.«

Die Formulierung: »ich ›glaubte‹« hatte Loch in Anführung gesetzt, um auf Weiteres, noch nicht Gesagtes hinzuweisen. Vielleicht, um sagen zu können, daß er in diesem Moment in sich ein sicheres Wissen verspürte, das nicht einer gemeinsam gemachten Erfahrung entstammte, sondern in seinem eigenen Hintergrund, seiner eigenen Realität verankert war. Loch wußte in diesem Moment, daß er etwas besaß, woran er glauben konnte, und daß er in diesem Glauben seinem Patienten Raum geben würde, ein ähnliches Wissen

---

[39] D. Meltzer, 1995, S. 169.

auch für sich zu gewinnen. Winnicott hat zur Beschreibung solcher Prozesse sein Konzept der primären Kreativität entwickelt, das er zwar zunächst auf das früheste Säuglingsalter bezog, von dem er aber meinte, es könne Bedeutung für alle Lebensphasen beanspruchen.[40] So ließ Wolfgang Loch im ›Glauben‹ an die eigene Kreativität seinen Patienten wissen, daß er ihn etwas würde erschaffen lassen, was dessen Bedürfnis nach Selbstgewißheit gerecht werden würde. Hier ist etwas geschehen, was mit den Mechanismen von Projektion, Introjektion und erneuter Projektion nicht mehr hinreichend beschrieben werden kann. Es ist zu einer Begegnung von Aspekten der jeweils eigenen, vom anderen unabhängig existierenden Normalität gekommen und in dieser Begegnung konnte etwas Neues entstehen. An die Möglichkeit eines solchen Ereignisses müssen beide Partner der Interaktion von Anfang an glauben. Glaube aber – darauf hat Loch in seinem Bremer Vortrag hingewiesen – geht der Liebe voraus. So hat denn Taktgefühl etwas zu tun mit einer guten Anpassung an die Bedürfnisse nach Selbstschutz – und eben auch mit Liebe.

Am 6. Dezember 1906 hatte Freud an C. G. Jung geschrieben, die Analyse sei »(...) eigentlich eine Heilung durch Liebe«.[41] Ich möchte hinzufügen: Wir werden unseren Patienten mit Takt begegnen können, wenn es uns gelingt, die psychoanalytische Methode frei zu halten von Idealisierungen, um sie lieben zu können.

Ich danke Wolfgang Loch für die Erfahrung der Begegnung mit ihm, für sein Können und für seinen Takt.

Literaturangaben:

ADORNO, TH. W. (1979): Minima moralia. Suhrkamp, Frankfurt/M.
BERES, D. (1967): Die Menschlichkeit des Menschen. Psyche, 24 (1970): 423–453.
BELAND, H. (1990): Bion zur analytischen Haltung – Ein Überblick. DPV-Info Nr. 7: 2–8
BION, W. (1967): Notes on memory and desire. dt.: Anmerkungen zu Erinnerungen und Wunsch. In: BOTT SPILLIUS, E. (Hrsg.): Melanie Klein – Heute, Bd. 2: 22–28.
FERENCZI, S. (1972): Die Elastizität der psychoanalytischen Technik. In: Ferenczi, S.: Schriften zur Psychoanalyse, Bd. II. Fischer, Frankfurt/M.

---

[40] D.W. WINNICOTT, 1994, S. 164.
[41] FREUD/JUNG: Briefwechsel, 1974.

FREUD, S. (1905): Über Psychotherapie. GW V: 11–26. Imago, London (1948).
- (1910): Über ›wilde‹ Psychoanalyse. GW VIII: 116–125.
- (1926): Die Frage der Laienanalyse. GW XIV: 206–286.
- (1927): Die Zukunft einer Illusion. GW XIV: 323–380.
- (1930): Das Unbehagen in der Kultur. GW XIV: 420–506.
- (1950): Briefe an Wilhelm Fließ. In: BONAPARTE, M; FREUD, A; KRIS, E. (Hrsg.)
- (1975): Sigmund Freud – Aus den Anfängen der Psychoanalyse 1887–1902. Fischer, Frankfurt/M.
- (1974): Briefwechsel. Sigmund Freud – C. G. Jung. Fischer, Frankfurt/M.
- (1993): Briefwechsel. Sigmund Freud – Sandor Ferenczi. Hrsg. von EVA BRABAN et al. Böhlau Verlag, Wien/Köln Weimar.

GATTIG, E. (1982): Identifizierung und primäre Sozialisation. Minerva-Publikation, München.
- (1988): Primäre Identifizierung – die Internalisierung einer Interaktion. In: GATTIG, E. und ZEPF, S. (Hrsg.): Selbstverständigungen. Aus der Werkstatt der Psychoanalyse. Springer, Berlin/Heidelberg.

GLASSER, M. (1992): Problems in the psychoanalysis of certain narcissistic disorders. International Journal of Psychoanalysis, 73: 493–503.

HAYNAL, A. (1989): Die Technik-Debatte in der Psychoanalyse. Freud – Ferenczi – Balint. Fischer, Frankfurt/M.

HENSELER, H. (1993): Überlegungen zur Psychogenese der Religiosität. In: GUTWINSKI-JEGGLE, J. und ROTMANN, J. M. (Hrsg.): »Die klugen Sinne pflegend«. Psychoanalytische und kulturkritische Beiträge. Hermann Beland zu Ehren. edition diskord, Tübingen.

JAPPE, G. (1976): Die Entwicklung von Freuds Ich-Begriff – mit Bezugnahme auf Paul Federn. In: EICKE, D. (Hrsg.): Freud und die Folgen (1). In: Die Psychologie des 20. Jahrhunderts, Bd. II. Zürich, 1976.

JOSEPH, B. (1994): Psychisches Gleichgewicht und psychische Veränderung. Klett Cotta, Stuttgart.

KHAN, M. M. R. (1983): Erfahrungen im Möglichkeitsraum. Suhrkamp, Frankfurt/M.

LOCH, W. (1977): Grundriss der psychoanalytischen Theorie (Metapsychologie). In: LOCH, W. (Hrsg.): Die Krankheitslehre der Psychoanalyse. Hirzel, Stuttgart (3. Aufl.)
- (1993): Deutungskunst. edition diskord, Tübingen.
- (1993): Denken, Fühlen, Verstehen. Vortrag Frühjahrstagung der DPV, Bremen.

LORENZER, A. (1972): Ansätze zu einer materialistischen Sozialisationstheorie. Suhrkamp, Frankfurt/M.

MELTZER, D. (1995): Der psychoanalytische Prozeß. Verlag Internationale Psychoanalyse, Stuttgart.

OGDEN, TH. (1992): The dialectically constituted/decentred subject of psychoanalysis. I. The Freudian subject. International Journal of Psychoanalysis, 73: 517–526.

Thomä, H. (1981): Schriften zur Praxis: Vom spiegelnden zum aktiven Psychoanalytiker. Suhrkamp, Frankfurt/M.
Winnicott, D. W. (1971): Vom Spiel zur Kreativität. Klett, Stuttgart.
– (1984): Reifungsprozesse und fördernde Umwelt. Fischer, Frankfurt/M.
– (1994): Die menschliche Natur. Klett Cotta, Stuttgart.
Wurmser, L. (1988): Die Übertragung der Abwehr. Forum der Psychoanalyse, 4: 292–317

Nachdenken

Gedanken über Entwicklung und Zukunft der Psychoanalyse
Prof. Wolfgang Loch verabschiedet sich von der Universität
Radiointerview im Februar 1982 anläßlich seiner Emeritierung

WOLFGANG LOCH und URSULA V. GOLDACKER

Meine Damen und Herren[*],

Wolfgang Loch, Facharzt für Innere Medizin, Neurologie und Psychiatrie, bis vor kurzem ordentlicher Professor für Psychoanalyse an der Universitäts-Nervenklinik Tübingen, ist weniger als einige seiner Kollegen mit allgemein interessierenden Publikationen an die Öffentlichkeit getreten, hat aber innerhalb seines Fachbereichs sowohl als Therapeut wie vor allem als wissenschaftlicher Lehrer eine profilierende Rolle gespielt. Wolfgang Loch ist ein hervorragender Kenner der gegenwärtigen Situation der Psychoanalyse, über die sich Ursula von Goldacker nun mit ihm unterhält.

Frage: Sie haben, wenn ich das richtig weiß, 22 Jahre als Analytiker an der Universität gearbeitet und gewirkt und haben jetzt die Universität verlassen. Das ist ein Anlaß, der einlädt zum Nachdenken darüber, wie Sie dazu gekommen sind, was Sie für Erfahrungen gemacht haben und wie es Ihrer Meinung nach weitergehen könnte.
Ich würde Sie zunächst gern fragen, was Sie persönlich zur Psychoanalyse gebracht hat.

W. Loch: In meinen vorklinischen Studien, so ungefähr 1934, hat mich zum allerersten Mal ein jüdischer Kommilitone, mit dem ich schon seit meiner Kindheit bekannt war, auf Freud hingewiesen. Das hat dann eine ganze Weile geschlummert, bis mich in den klinischen Studienjahren, die ich an der Uni-

---

[*] Anmerkung: Das Interview wurde 1982 im Süddeutschen Rundfunk, Saarländischen Rundfunk, Südwestfunk jeweils im 2. Programm in der Reihe »Radioessay aus Stuttgart« gesendet. Das Gespräch wurde von einem Mitschnitt transkribiert; die beim freien Sprechen unvermeidlichen Fehler und Wiederholungen wurden behutsam korrigiert bzw. gekürzt.

versität in Berlin verbrachte, etwa 1936, Prof. Friedrich Curtius mit Freuds und Breuers Studien zur Hysterie in Berührung brachte. Das war die zweite Begegnung, und damals war ich sehr fasziniert und wollte mir mehr Literatur von Freud an der Staatsbibliothek in Berlin leihen. Dies aber ging nicht; man informierte mich darüber, das sei verbotene Literatur, und dazu müßte ich eine spezielle Erlaubnis haben. Die aber hatte ich nicht und konnte sie nicht ohne weiteres vorweisen.

Ich hatte damals neben einem gewissen Interesse an der Analyse und den Geisteswissenschaften überhaupt – Sie sehen schon, daß ich sie zum großen Teil in die Geisteswissenschaften oder, wie die Amerikaner sagen, humanities, einordne – natürlich auch eine starke naturwissenschaftliche Ader, das stimmt schon. Ich habe dann Medizin fertig studiert und doktoriert, und zwar in der Pharmakologie. Dann bin ich eigentlich durch den Krieg und die Gefangenschaft wieder mit der Psychoanalyse in Verbindung gekommen. Das hat damit zu tun, daß ich da nun nicht mehr experimentell arbeiten konnte und inzwischen auch durch den Krieg allerlei neue Lebenserfahrung gesammelt hatte. Nun wandte ich mich eigentlich mehr, wenn Sie wollen, den inneren Problemen zu. Und eine ganz besondere Verstärkung erfuhr dann meine Tendenz, mich mit der Psychoanalyse zu befassen, als ich mich nach dem Krieg, so um 1950 herum, in die Facharztausbildung zum Psychiater begab – da habe ich bald gefunden, daß das so nicht geht: ich kann die Leute nicht nur mit Schockbehandlungen wieder einigermaßen normalisieren, sondern da muß ich noch was anderes machen. Und dann entdeckte ich Benedetti einerseits, andererseits Melanie Kleins Arbeiten. Die machten mir sehr viel Sinn, und so kam ich dann immer mehr zur Psychoanalyse, bis sie mich schließlich verschluckt hat.

Frage: Sie haben aber zunächst eine ganze Weile als Psychiater gearbeitet.

W. Loch: Ich habe als Psychiater, Neurologe, Internist gearbeitet – und diese Erfahrungen mit den Patienten haben mir eigentlich sozusagen den Rest gegeben, weil ich mir gesagt habe, es geht einfach so nicht weiter, du mußt diese Menschen besser begreifen können. Gut, sie haben Symptome, aber die können ja nicht ganz sinnlos sein, wenn sie auch zunächst einmal als sinnlos imponieren. Und da halfen mir dann Arbeiten, die ich genannt habe, zu realisieren, daß es tatsächlich Möglichkeiten gibt, einzusteigen in diese fremde Welt und da etwas zu begreifen; und so kam ich dann schlußendlich ganz zur Psychoanalyse.

Frage: Das muß also der Punkt gewesen sein, wo Sie ausgestiegen sind aus einer medizinischen Tradition des Umgangs mit Störungen und eine andere Dimension für sich zu erschließen versucht haben.

W. Loch: Das stimmt, was damals allerdings auch einige andere Leute taten, und was vor dem Krieg ja auch in Deutschland schon von vielen getan worden war, auch von namhaften Medizinern. Ich erinnere nur an Viktor von Weizsäcker oder an einen meiner Lehrer, Siebek, der auch eine gewisse Verbindung zu solchen Betrachtungen hatte, ebenso Gustav von Bergmann – zu psychischen Betrachtungen der Krankheit und der Symptome. Aber wie gesagt, ich kam eigentlich dann vor allen Dingen über die englische Schule zu einem tieferen Verständnis der Neurosen und Psychosen, zunächst durch die Literatur und dann natürlich durch eigenes Studium, persönliche Erfahrungen usw.

Frage: Sie haben, so könnte man sagen, den Versuch aufgegeben, Symptome zu kurieren oder im Sinne der medizinischen Tradition zu heilen.

W. Loch: Das ist richtig, wobei mir das natürlich immer nur in langsamen Schritten klarer und klarer wurde. Gut, auch die Psychoanalyse will schlußendlich den Patienten, die zu uns kommen, helfen; wir wollen, daß sie besser leben können, sie sollen nicht mehr so leiden wie sie jetzt leiden – sie kommen ja, weil sie leiden, sonst würden sie gar nicht kommen. Aber es ist richtig, daß dieses klassische Krankheitsmodell oder Konzept der klassischen Medizin nicht ganz ausreicht. Ich meine dabei nicht, daß das Konzept der klassischen Medizin ausschließlich symptomzentriert ist, es ist ja auch krankheitszentriert, forscht also auch nach Ursachen. Damit hat eigentlich auch die Psychoanalyse zu tun, aber in einer anderen Weise: Indem sie die Persönlichkeit, indem sie ihre Entwicklung, die irgendwo stehengeblieben ist oder in die Irre geführt hat, über die psychoanalytische Begegnung, die psychoanalytische Kur zu ändern versucht, hofft sie, daß dann die Symptome und das, was wir Krankheit nennen, entfallen. Wir hoffen, daß durch eine Umwandlung und eine Fortentwicklung der Persönlichkeit und – wenn ich das so nüchtern bezeichnen darf – des Funktionierens der Persönlichkeit, des seelisch-geistigen Funktionierens, eigentlich so etwas zustande kommt, was man dann auch als Heilung bezeichnen darf.

Frage: Aber gleichzeitig als Erweiterung eines Freiraums, um Entscheidungen für sein Leben zu treffen, sein Leben zu gestalten.

W. Loch: Das ist richtig. Ich zitiere sehr gerne den Satz Freuds von 1923: Die Psychoanalyse will ja nicht die Symptome schlechthin unmöglich machen, sie will nicht amputieren, sondern sie will der Person, dem Subjekt, die Freiheit schaffen, sich so oder so zu entscheiden. Sie will ihm also helfen, daß er, der betreffende Patient, Klient, indem er seine eigenen, ihm unbekannten Motive entdeckt, sich darüber klar wird, daß er dann nicht mehr von diesen unbekannten – wir sagen unbewußten – geheimen Motiven gelenkt wird, eine gewisse Unfreiheit hat, sondern indem er sie kennt und überwindet, anders leben kann, mehr genießen kann, mehr Freiheit hat, besser arbeiten kann – das sind alles sicherlich Dinge, die das Resultat einer gelungenen psychoanalytischen Interaktion zwischen Patient und Therapeut sind.

Frage: Aber das Schwergewicht liegt auf der eigenen Entscheidungsfreiheit, und ich denke, da sind wir an einem Punkt, an dem sich die Psychoanalyse ganz wesentlich unterscheidet von anderen psychotherapeutischen Richtungen, vor allem der Verhaltenstherapie.

W. Loch: Das ist sehr richtig, was Sie sagen, denn schauen Sie, wir versuchen alles zu tun, um eine Manipulation des Patienten zu vermeiden. Ja, wir finden schon, daß die Idee, ihn manipulieren zu wollen, die psychoanalytische Methode korrumpieren würde. Wir wollen ihm wirklich helfen, ein besseres Selbstverständnis zu finden, seine Selbstverborgenheit zu verringern und auf diese Art und Weise sich natürlich auch insgesamt wohler zu fühlen. Es handelt sich dabei aber, das muß man immer wieder betonen, um das neurotische, hysterische Elend, das man auf diese Art und Weise vielleicht verringern kann, wenn alles gut geht. Es handelt sich nicht um das allgemeine Elend, das hat Freud klar genug betont.

Frage: Hat nicht in dieser Beziehung die Psychoanalyse, die im Dritten Reich überlebt hat, die Neopsychoanalyse oder die Psychoanalyse Schultz-Henckes, eine Entwicklung genommen, die sie unterscheidet von der Psychoanalyse Freuds und die dann auch ungefähr 1950 dazu geführt hat, daß sich in Deutschland eine Gruppe getrennt hat und zwei psychoanalytische Richtungen entstanden? Ich möchte Sie also eigentlich nach der Situation fragen, die Sie damals vorgefunden haben, als Sie zur Psychoanalyse kamen. Es hatte ja einen Bruch gegeben durch das Dritte Reich, die meisten Psychoanalytiker waren ausgewandert, es hat sich eine ganz, ganz kleine Gruppe irgendwie im Verborgenen gehalten, aber es hatte sich eine andere Richtung weiterentwickelt.

W. Loch: Das stimmt, und ich bin durch glückliche Umstände, glaube ich, davor bewahrt geblieben – es war allerdings doch eine eigene Entscheidung –, mich ganz dieser neoanalytischen, der Schultz-Henckeschen Richtung anzuschließen, wobei ich das damals sicherlich theoretisch noch nicht ganz durchschaut habe. Und wenn ich jetzt sage, daß Schultz-Hencke und seine Schüler damals – also das betrifft jetzt die Zeit zwischen 1948, 50, bis Mitte der 50iger Jahre – z. B. eines der entscheidensten Konzepte der Psychoanalyse Sigmund Freuds vergessen oder unterschlagen hatten, nämlich das der Übertragung und Gegenübertragung, dann ist damit eigentlich das Entscheidende ausgesagt. Gemeint ist, daß der Psychoanalytiker versucht, mit dem Patienten, Klienten, in einer Begegnung, in einer Interaktion dessen Lebensstil und dessen Art und Weise, sich Triebbefriedigung im hic and nunc, im Hier und Jetzt in der psychoanalytischen Situation zu verschaffen, klarzustellen, herauszupräparieren und aufzuzeigen, inwieweit das einem alten Muster entspricht, das der Patient erworben hat im Laufe seiner Lebensgeschichte, das er aber immer wiederholt (das ist der Wiederholungszwang), das aber in die Pathologie hineinführt; nur dessen Überwindung kann ihn sozusagen freisetzen, es anders zu machen, einen Neuanfang zu finden.

Frage: Ich möchte doch noch einmal auf die Situation der Psychoanalyse damals in Deutschland zurückkommen. Es fand diese Spaltung statt – sind Sie damals schon dabei gewesen?

W. Loch: Nein, ich habe ein kurzes Gastspiel gegeben am Schultz-Henckeschen Institut in Berlin und bin dann aber ganz schnell sozusagen da entflohen, habe mich – immer noch in Berlin – einer persönlichen Analyse unterzogen und bin dann zu Mitscherlich gekommen. Mitscherlich hatte damals in Heidelberg den Lehrstuhl für Psychotherapie und psychosomatische Medizin inne – lange Jahre bekanntlich. Dort herrschte ein sehr aufgeschlossenes kosmopolitisches Klima, und es war Mitscherlich zu verdanken – ich glaube, das war ein großes historisches Verdienst u. a. von ihm –, daß er nun sehr erfahrene Psychoanalytiker aus dem Ausland – vorwiegend aus London, aber auch aus den Vereinigten Staaten und zum Teil aus Paris – einlud, um in dieser kleinen deutschen Gruppe etwas zu vermitteln von den Fortentwicklungen, aber auch von den Essentials der Psychoanalyse, die in Deutschland ja nur von einem winzigen Grüppchen in Berlin tradiert wurde. Und das gab nun große Anstöße, wir haben diesen Kollegen sehr viel zu verdanken. Ja, ich glaube, da haben wir eine Dankesschuld an diese erfahrenen Psychoanalytiker, die übrigens meistens aus Europa und besonders aus der Bundesrepublik, aber auch aus Österreich ausgewandert waren – eine große Dankesschuld, die ich persönlich sehr stark empfinde und auch nicht vergesse. Vielleicht darf ich da sogar Namen nennen, denn ich glaube, diese Namen sollten auch in der Öffentlichkeit bekannt sein. Aus London waren es z. B. in ganz wesentlicher Weise Willi Hoffer, Paula Heimann und Michael Balint, aus Holland Lampl-de Groot, aus Paris Grunberger und etliche andere, etwa Eidelberg aus den Vereinigten Staaten, aber auch manche andere. Aber diese kamen regelmäßig, man kann sagen jedes Jahr, machten Seminare und Übungen usw. und haben uns eigentlich geholfen, diese unerhörte Lücke, dieses unerhörte Defizit, in das wir hineingeraten waren, durch diese entsetzliche Unterbrechung, die das Dritten Reich in dieser Entwicklung bewirkt hat, wenigstens annähernd zu schließen. Wir haben Jahre dazu gebraucht, und ich glaube, daß erst in den allerletzten Jahren die Psychoanalyse in der Bundesrepublik wieder ungefähr den Anschluß an das internationale Niveau gefunden hat.

Frage: Sie haben gesagt, daß relativ früh Melanie Kleins Arbeiten Sie sehr fasziniert haben, während man ja sagen muß, daß sie in Deutschland, auch unter Psychoanalytikern, sonst nicht sehr bekannt ist oder jedenfalls ihre Konzepte nicht sehr integriert werden in die Arbeit deutscher Analytiker.

W. Loch: Ich war damals in einer Landesnervenklinik tätig, als Oberarzt, als mir einige Arbeiten von Melanie Klein und ihren Schülern in die Hände fielen, mehr durch Zufall vielleicht als durch systematische Forschung. Und dabei merkte ich, mit diesen Konzepten kann man beginnen, die schwerstgestörten Menschen zu verstehen, und kann sogar im Umgang mit ihnen manchmal erreichen, daß sie ihre sehr merkwürdigen Sprachgewohnheiten verlassen und dann in einen Kontakt zu dem Doktor treten, der von dem eines normalen Kontaktes kaum zu unterscheiden ist. Das ist mir damals sehr aufgefallen, und ich dachte, hier muß man weitergehen. Es ist richtig, daß das von vielen nicht gesehen wurde und auch heute noch nicht gesehen wird, daß da Möglichkeiten sind, wobei man auf der anderen Seite zugeben muß, daß die Behandlung dieser Art von Patienten sehr schwierig ist. Aber das war überzeugend und äußerst reizvoll. Nun, bei Melanie Klein, die übrigens ursprünglich aus Deutschland kam, ist etwas sehr wichtig: daß sie nämlich sozusagen mit dem Bösen im Menschen ernstgemacht hat, daß sie es nicht versucht zuzudecken, sondern daß es ihr und ihrer Methode in Verfolg der

Todestriebtheorie Freuds eben gerade darauf ankommt zu zeigen, daß der Patient sich auch als Urheber für wirklich destruktives Verhalten erlebt. Freilich ist dieses destruktive Verhalten nicht umsonst, es hat seine Gründe, und die muß man erhellen. Aber man muß sehen, daß etwas Destruktiv-Aggressives aus dem Patienten kommt, dort seinen Ursprung hat. Und das ist sehr schwierig und sehr schmerzlich; und ein Grund, warum Kleins Methode vielfach abgelehnt wird, nicht nur in der Bundesrepublik, sondern auch in ganz anderen Teilen der Welt, hängt sicherlich damit zusammen, daß sehr viele Leute den Standpunkt vertreten: Ach, der Patient und noch viel mehr das Kind (wir gehen ja oft zurück auf kindliche Situationen, in denen sich gewisse Verhaltensformen entwickelt haben), die sind ganz unschuldig, und wir müssen sie immer entlasten von jeder Schuld. Das ist in Kleins System anders – nicht, daß man jetzt eine moralische Beurteilung herbeiführt, aber daß man sich selbst begreifen lernt als Autor auch böser Handlungen, das ist der springende Punkt, und ich glaube, daß z. B. fast jede tiefe Analyse, jede Analyse, die in bestimmte Schichten hineinragt, ganz besonders in psychotische Schichten, nicht darum herum kommt, sich mit diesen inneren Verhältnissen auseinanderzusetzen; und dann wird nämlich, wissen Sie, auch zwischen Patient und Doktor, Doktor und Patient etwas, was in Worten oft so weit weg ist und so intellektuell klingt, plötzlich außerordentlich konkret und dicht. Es ist nicht leicht, damit umzugehen, aber man kann sicher sein, daß, wo diese Schicht nicht analysiert wurde, der Erfolg zu wünschen übrig läßt – oder vielleicht Anpassungen erreicht werden, aber vielleicht sehr wenig tatsächliche Strukturänderungen. Mit Strukturänderung meine ich, daß tatsächlich gewisse Verhaltensmuster nicht nur verdrängt sind oder nicht nur Techniken gelernt werden, sie zu verhindern usw., sondern daß sie entfallen, weil das Ganze auf ein neues Interaktionsniveau kommt, die Innenwelt des Patienten sich ändert. Dies geschieht tatsächlich allerdings über die Beziehung zu dem realen Analytiker; das möchte ich herausstellen, daß das enorm wichtig ist, was real in der analytischen Situation geschieht, und daß nur durch das tatsächliche Geschehen sich da auch in der Innenwelt etwas verändert. Aber man muß natürlich auch die Innenwelt kennenlernen, und man muß erlauben, daß sie auf einem bestimmten Niveau die Aktion zwischen dem Patienten und seinem Doktor bestimmt. Das darf man nicht abblocken – das ist z. B. auch etwas, was in das Training der Psychoanalyse gehört: daß man lernt, nicht eine bestimmte Umgangsform abzublocken, so daß sie sich dann gar nicht manifestieren kann, denn natürlich kann man nur dann, wenn man an sie herankommt, als Tiefenschicht gewissermaßen, etwas erkennen und etwas ändern.

Frage: Und ein Grund, warum diese Konzepte und diese Art des Umgangs und der Anspruch, in diese Schichten zu kommen, bekämpft wird und, wie ich finde, häufig auch ziemlich affektiv bekämpft wird, ist sicher doch auch die Angst, die das macht.

W. Loch: Das macht unerhört viel Angst, und zwar auf beiden Seiten. Es macht dem Patienten Angst, und es macht dem Therapeuten Angst, weil nun tatsächlich etwas sehr Gefährliches relativ konkrete Gestalt annimmt. Das bedeutet nicht, daß die beiden das ausagieren, aber das Sprechen darüber hat dann in solchen Zuständen, wenn der ganze Affekt dahintersteht, doch einen konkreten, einen realen Gehalt. Und das ist faszinierend und spannend und eben auch enorm wichtig, denn es soll ja nicht nur eine intellektuelle Einsicht gewonnen werden, sondern mein Gegenüber, mein Gesprächspartner in diesen Interaktionen, in diesem Geschehen, muß ja überzeugt werden, aber nicht durch Worte, nicht durch Argumente, sondern auch von seinem Erleben.

Frage: Eine ganz wesentliche und vielleicht in ihrer Bedeutung Freuds Entdeckung des Ödipuskomplexes an die Seite zu stellende Entdeckung oder Konzeptentwicklung ist die depressive Position von Melanie Klein – ich glaube, diese Überzeugung teilen Sie mit vielen anderen.

W. Loch: Das stimmt, daß ich diesen Standpunkt vertrete, wobei ich aber eben immer betone, daß es eigentlich um die Drei-Personen-Beziehungen geht, sowohl beim Ödipus wie bei der depressiven Position. Die großen Schwierigkeiten und Konflikte kommen grundsätzlich aus einer nicht gelungenen Versöhnung oder Intergration oder Synthese dieser Drei-Personen-Beziehung Mutter-Vater-Kind her, und bei ihrer Bewältigung spielt die depressive Position eine große Rolle. Denn wir alle kommen eben im Laufe unserer natürlichen Entwicklung in Situationen, in denen wir diejenige Person, die für uns enorm wichtig ist, also z. B. die Mutter oder den Vater, auch – ich komme auf den Todestrieb zurück bzw. auf die destruktiven Akte – angreifen und beschädigen, was dieser Person mißfällt und sie dann dazu bringt, daß sie sich abwendet. Und wenn ich diese so wichtige Person dadurch verliere, an der ja auch mein Leben hängt, weil ich als Säugling nur durch sie leben kann, dann geht sozusagen mein Leben selbst wieder in die Brüche oder ist gefährdet; und nun muß ich irgend etwas tun können, um zu erreichen, daß sich diese Person mir wieder zuwendet, so daß ich aus dieser Depression, aus dieser Hilflosigkeit und dieser Einsamkeit herauskomme, und das ist eigentlich die depressive Position bzw. ihre Meisterung. Und das spielt eine genauso große Rolle, besonders für manche Störungen, wie der Ödipuskomplex; es spielt eine besonders große Rolle bei tiefergreifenden Störungen, bei gewissen narzißtischen Neurosen und schweren Charakterstörungen und schließlich bei psychotischen Phänomenen. Hier können wir jetzt aber nicht weiter ins Detail gehen.

Frage: Ja, ich würde auch gerne noch mehr über Ihre Lernsituation erfahren. Was sind die wichtigen Erfahrungen, die Sie damals in der Zeit Ihrer Ausbildung gemacht haben? Sie haben ja den Sprung gewagt und sind in einen ganz anderen Rahmen gegangen als den der medizinischen Klinik, der psychiatrischen Klinik.

W. Loch: Ja, ich will Ihnen sagen, eine der wichtigsten Erfahrungen war, daß ich plötzlich, nachdem ich jahrelang klinisch gearbeitet hatte, nun Menschen gegenüberstand oder zunächst meistens saß – später lag ja der eine und ich saß im Sessel dahinter, in der klassischen psychoanalytischen Situation ist es immer noch so; aber das Überraschende, woran ich mich lange Zeit gar nicht so leicht gewöhnt habe, bestand darin, daß ich nun einfach einem Menschen gegenübersaß, ich hatte nicht mal mehr ein Hörrohr, ich hatte keinen Reflexhammer, ich hatte keinen Augenspiegel, ich hatte nichts weiter, kein Instrument, mit dem ich dem anderen begegnete und das ich benutzte, um ihn zu untersuchen, zu betrachten, zu erforschen innen und außen, nichts dergleichen.

Frage: Und das Sie auch zwischen sich und diesen Menschen schieben konnten...

W. Loch: ... das wir dazwischenschieben konnten, das mein Werkzeug war und das ihn einerseits von mir distanzierte und andererseits natürlich dazu diente, seine Herztöne z. B. genauer zu erfassen. Das habe ich alles ziemlich intensiv betrieben, und das ist auch wichtig – aber nun fiel das alles weg, und ich saß nur mit einem Menschen am Tisch oder nach Möglichkeit sogar neben dem Tisch, so daß nicht einmal der Tisch zwischen uns war – und was nun? Das hat lange Zeit gebraucht, bis ich mich daran gewöhnt habe. Nachher haben wir sogar den weißen Kittel weggelassen und saßen uns nur im Anzug gegenüber.

Frage: Das war damals noch nicht selbstverständlich?

W. Loch: Das war natürlich nicht so ohne weiteres selbstverständlich. Es ist eine ganz andere Situation. Und das zweite, wissen Sie, was dann natürlich auch furchtbar wichtig war, und da liegt ein Drehpunkt, der noch schwieriger ist: Der Doktor im allgemeinen, der klassische Arzt – und Sie wissen ja, daß ich eine enorm hohe Meinung von ihm habe und ihn für außerordentlich wichtig halte, das bitte ich nicht mißzuverstehen – aber der guckt ja so direkt, und der Analytiker, dieser scheußliche Mensch, der guckt indirekt. Was ich damit sagen will: Das, was der Patient ihm erzählt über seine Goldfische oder über seine letzte Segelpartie oder über seinen Streit, den er mit seinem Chef hatte oder mit seinem Untergebenen und ich weiß nicht was alles, das nimmt er nicht von der Oberfläche her, sondern er guckt so schräg darauf – was will der damit sagen jetzt im Moment, und was macht er, wenn er das sagt, mit mir, in welche Situationen bringt er mich usw. Das ist eine ganz andere Betrachtungsweise, das erfordert eine Drehung, und nur von dieser Drehung her hat man dann überhaupt die Chance, zu begreifen, was auf einer tieferen Ebene zwischen uns beiden vorgeht. Das ist ja das Faszinierende, daß wir so vielschichtige Menschen sind, uno actu, in einer Verhaltensweise verschiedene Sinnebenen haben! Und nur, weil das so ist, können wir diese tiefer erforschen; das ist genauso wie in der Sprache, wo man ja auch dahintergekommen ist, daß es da Oberflächen- und Tiefenstrukturen gibt. Auch hier versuchen wir, uns darauf einzustellen, diese Tiefenstrukturen wahrzunehmen. Wie das läuft, das ist natürlich eine andere Frage, und unser ganzes Training hat eigentlich hauptsächlich das Ziel, eine Einstellung zu gewinnen, die uns den Zutritt zu diesen Tiefenstrukturen ermöglicht: daß wir anfangen, sie wahrzunehmen – denn wahrnehmen muß ich sie schon, nur dann kann ich was damit anfangen!

Frage: Und – Sie haben es ja vorhin schon erwähnt – das Instrument dafür ist die Wahrnehmung der Gegenübertragung.

W. Loch: Ja, die Gegenübertragung, und das ist wiederum so etwas Tolles und Faszinierendes, wenn ich das sagen darf. Wissen Sie, man kann das wieder am besten genetisch verstehen. Man weiß heute ziemlich gut – und ich bin ganz erstaunt, ich habe in letzter Zeit festgestellt, daß das auch die akademischen Psychologen erforscht haben und genau wissen – man weiß ziemlich gut, daß z. B. ganz kleine Kinder, Säuglinge, für diese Tiefenstruktur bei ihrer Beziehungsperson – meistens ist es ja heute noch die Mutter, allmählich wird es anders werden, aber noch ist es die Mutter – daß die eine derartige Fähigkeit haben, das wahrzunehmen, die ist überhaupt sagenhaft. Die können z. B. die Depression einer Mutter mit absoluter Sicherheit diagnostizieren. Das kann man feststellen, wenn man sie filmt und was weiß ich alles für raffinierte Sachen macht – und da muß ich sagen, ist die Technik ja manchmal auch ganz schön –, an ihrem Verhalten nämlich, wenn sie der depressiven Mutter gegenüber sind: sie werden dann selbst depressiv oder irgendwie aggressiv oder so etwas. Obwohl die Mutter nichts gesagt hat; aber es muß Kommunikationskanäle geben, die ihnen erlauben, das wahrzunehmen. Und diese Kommunkationskanäle sind bei Erwachsenen blockiert. Je älter wir werden, umso mehr Abwehrstrukturen entwickeln wir, um das nicht wahrzunehmen. Und eine der entscheidensten Aufgaben unserer Ausbildung überhaupt ist es, zu trainieren, daß wir wieder eine Sensiblität entwickeln. Wir müssen praktisch werden wie die Kinder – aber dann schleunigst wieder ein bißchen schlauer, denn wir wollen dann dem anderen helfen, darüber hinwegzukommen. Und so gibt es dann auch da eine Art dialektischen Prozeß, wenn ich das mal so sagen darf, in dem das Ganze sich fortbewegt.

Frage: Könnten Sie, um den Vorgang der Gegenübertragung ein bißchen plastischer zu machen, ein klinisches Beispiel nennen?

W. Loch: Ja, ich könnte auf ein Beispiel hinweisen, das nicht von mir stammt, aber das in einer Supervision, in – wie sagt man auf deutsch – in einer Kontrollbesprechung eines Falles auftauchte. Da kam eine etwa 30jährige Patientin zu einer Kollegin zum ersten Mal in die Sprechstunde. Sie war furchtbar echauffiert und hatte eine flammende Röte im Gesicht, und sie zitterte etwas und wirkte etwas durcheinander und wahnsinnig aufgeregt; sie setzte sich dann schließlich auf den Stuhl gegenüber der Kollegin. Die fragte dann: Was kann ich denn für Sie tun? Und dann sagte diese Patientin: Ich werde alles machen, was Sie mir vorschlagen. Punkt. Das war ihr erster Satz, und die Kollegin schilderte dann im Seminar, daß sie plötzlich ein ganz merkwürdiges Gefühl hatte. Sie hatte nämlich plötzlich das Gefühl, durch diese Bemerkung sei sie gleichsam aus dem Sattel gehoben worden. Sie dachte an ein Pferd, auf dem sie reitet, und das hätte sie umgeschmissen. Sie kam sich vor, als sei sie aus dem Sattel gehoben worden und fiele in den Sand. Und dann überlegte sie sich kurz, was es damit auf sich habe, daß sie das so spürte, solch eine ganz verrückte Reaktion auf die Äußerung der Patientin, und sie sagte darauf zu ihr: Wissen Sie, was immer Sie mir sagen möchten, ich habe gar keine Angst. Und daraufhin entspannte sich die Patientin, hörte auf zu zittern, ihre Röte wich aus dem Gesicht, und dann sagte sie: Dann will ich Ihnen etwas erzählen, was ich in meinem Leben noch nie jemandem erzählt habe. Und nun erzählte sie eine Situation, die für sie, die Patientin, außerordentlich traumatisch war. Für uns abgebrühte Doktores war sie nicht so traumatisch, aber für die Patientin. Und so begann eine sehr fruchtbare Besprechung zwischen den beiden über mehrere Stunden, und die Kollegin konnte dieser Patientin sehr nützlich werden, psychologisch.

Frage: Das ist ein schönes Beispiel, denn man kann natürlich nicht begründen und nicht objektivieren und nicht beweisen, warum diese Kollegin diese Phantasie hatte und auf dieser Phantasie ihre Interpretation aufbaute bzw. ihre Reaktion, die man vielleicht eine indirekte Deutung nennen könnte. Deshalb wird die Psychoanalyse ja auch immer wieder als unwissenschaftlich angegriffen. Damit sind wir jetzt bei der Frage, was es bedeutet, die Psychoanalyse an der Universität zu verankern und an der Universität zu betreiben.

W. Loch: Also, was die Wissenschaftlichkeit anlangt, kann ich es natürlich nicht so stehen lassen. Diesen Wissenschaftsbegriff, der nur, wollen wir mal sagen, die klassische Physik des vorigen Jahrhunderts umfaßt, den können wir doch eigentlich zu den Akten legen. Ich möchte nur ein Zitat bringen, ohne daß ich das jetzt hier explizieren kann. Es stammt von dem ja doch ziemlich bekannten, eminenten Philosophen und Logiker Lorenzen, Erlangen; der hat gesagt, Wissenschaft ist jede neue Sprache, die institutionalisiert lehrbar ist. Und vom Begriff der Sprache her muß man wohl zugeben, daß die Physik eine Sprache ist und die Botanik und die Geschichtswissenschaft und aber auch die Psychoanalyse. Freilich ist es in gewisser Hinsicht eine neue Sprache, eine andere Sprache als bisher, aber sie ist lehrbar, sie ist logisch, sie ist durchsichtig, sie kann argumentativ verteidigt werden usw., und insofern, glaube ich, müssen wir mal abkommen, diesen alten Wissenschaftsbegriff immer wieder zu zitieren, und müssen sehen, daß die Geisteswissenschaften, im englisch-amerikanischen Sprachraum die »humanities«, wie auch die Naturwissenschaften schließlich und endlich doch eine gemeinsame Wurzel haben, und daß man das nicht auseinanderdividieren soll.

Und da sind wir bei der Psychoanalyse, auch an der Universität. Ich glaube schon, daß die Psychoanalyse an die Universität gehört, allerdings in einer Weise, die etwas verschieden ist von der Art, wie sie heute meistens praktiziert wird. Ich glaube, sie gehört nicht einfach der Medizin zugeordnet, aber auch nicht einfach der Altertumswissenschaft oder der Philosophie oder der Soziologie, sondern sie ist vielleicht wirklich ein Gebiet sui generis, sie verdient einen Lehrstuhl, der interdisziplinär anzusiedeln ist. Ich meine, Freud hat ja nicht umsonst in diesem wunderschönen Aufsatz über das Interesse an der Psychoanalyse 3, 4 oder 5 Disziplinen genannt, für die die Psychoanalyse interessant ist, und umgekehrt, von denen die Psychoanalyse sehr viel lernen kann. Ich glaube, daß diese wechselseitige Befruchtung, die gerade an der Universität möglich wäre, außerordentlich wichtig sein kann, denn zuende ist es mit der Psychoanalyse nicht, das geht weiter. Das wäre eigentlich ein großes Desiderat, ein solcher interdisziplinärer Lehrstuhl für Psychoanalyse, den ich auch in Tübingen nicht hatte; ich hatte wohl einen Lehrstuhl für Psychoanalyse, aber im Rahmen der Medizinischen Fakultät, und wir hatten viele interdisziplinäre Verbindungen, Gottlob! Aber so ein Lehrstuhl extra in dieser Form gegründet und ausgebaut, das ist eigentlich ein Desiderat, das verwirklicht werden sollte. Ich glaube, es gibt nur einen Fall, wo es ungefähr so ist, und das ist der Sigmund-Freud-Lehrstuhl in Jerusalem. Obwohl das auch nur eine kleine Institution ist, aber sie kann vielleicht wachsen.

Frage: Was aber sicher nicht heißen darf und heißen kann, daß Psychoanalytiker an der Universität ausgebildet werden.

W. Loch: Das braucht es nicht zu heißen, darf es vielleicht auch nicht heißen. Wissen Sie, Ausbildung geht eben dann in die Binsen, wenn sie zu reglementiert wird, wenn sie zu verwaltungstechnisch aufgezogen wird, und wenn sie nicht auch eine gewisse Freiheit hat – das ist ja überhaupt furchtbar wichtig. Der Psychoanalyse muß es möglich sein, praktisch alles abklopfen zu dürfen auf die unbewußten Hintergründe, die verborgen sind, da und dort. Psychoanalyse ist eine eminent kritische Theorie, es ist auch eine Theorie der Kommunikation, und insofern kann ihr nichts sakrosankt sein, auch sie selbst ist sich nicht sakrosankt. Dazu gehört natürlich auch – das ist ein Problem, das im Moment vielleicht nicht nur die Psychoanalyse betrifft –, daß man, weil eben die Medizin ihr klassisches Konzept etwas erweitern muß, zugestehen muß, daß eben auch Nicht-Ärzte, also nicht-approbierte Ärzte im bisherigen Sinn, unter bestimmten Kautelen Patienten behandeln dürfen, mit ihnen umgehen dürfen, in dem Sinne, daß es ihnen hinterher gesundheitlich, was immer gesundheitlich meinen mag, besser geht, und das ist natürlich sehr schwierig. Das ist die Frage der Laienanalyse. Freud und diese erste Generation und auch die zweite Generation der Psychoanalytiker, die waren ja davon überzeugt, daß jemand erstmal bewiesen haben sollte, er könne irgendeinen Beruf gut ausüben, er sei in irgendeinem Beruf nicht gescheitert, und dann hat er Interesse bekommen an der Psychoanalyse, macht das gewissermaßen als zweites oder drittes Studium. Das war dieser Gründergeneration außerordentlich wichtig. Und ich glaube, das hatte einen guten Grund, denn auch der Psychoanalytiker kann in aller Regel sein Gebiet nicht so unabhängig ausüben, wenn er fürchten muß: wenn ich das nicht habe, wenn ich also durch Patienten nicht leben kann, dann kann ich überhaupt nicht leben.

Frage: Jetzt würde ich gerne noch etwas ganz anderes fragen: Wenn man sich Freuds Krankengeschichten ansieht und vergleicht diese Kranken mit denen, die heute zu uns in die psychotherapeutische Praxis kommen, dann haben sich die Symptome ja sehr gewandelt. Gibt es diesen Symptomwandel oder ist das eine spezifische Sichtweise oder kriegen wir heute andere Patienten zu sehen als früher?

W. Loch: Das ist eine sehr komplexe Frage. Was das Letztere anlangt, also den Symptomwandel: ja und nein. Symptomwandel glaubt man ziemlich sicher nachweisen zu können z.B. in bezug auf das, was man Hysterie nennt. Man kann auch zeigen, daß es in bestimmten sozialen Feldern noch die klassische Hysterie gibt, die sich ja hauptsächlich durch bestimmte Ausdruckssymptome darstellte –

Frage: Anfälle, Lähmungen...

W. Loch: ... Anfälle, Lähmungen, ja genau, und so etwas, was man sah, was Eindruck machte und auffiel; daß das in unserer Gesellschaft, überhaupt in der ganzen westlichen, industriellen und postindustriellen Gesellschaft kaum noch vorkommt, das stimmt. Ob der Symptomwandel auch anderes betrifft – also Zwangsneurosen offenbar gar nicht, Phobien auch nicht, glaube ich. Was man heute sagt, was häufiger geworden ist, das seien narzißtische Störungen, bestimmte Charakterstörungen und sogenannte Borderline-Fälle, die so ein bißchen eine Grenze darstellen zwischen neurotischem und psychotischem Geschehen. Das sind differentialdiagnostisch jetzt schwierige und hier nicht zu erörternde Fragen – man nimmt an, daß das zugenommen hat. Ob es wirklich zugenommen hat, ich glaube, darüber gibt es keine sichere Statistik. Sicherlich ist unsere Fähigkeit, dergleichen zu diagnostizieren, gewachsen – durch die Weiterentwicklung der Psychoanalyse über Freud hinaus, die ja kein Paradigmawandel war, sondern im Rahmen des Freudschen Ansatzes blieb, z. B., wie vorhin erwähnt, durch die Hereinnahme der depressiven Position oder von Michael Balints Grundstörung in die ganzen Zusammenhänge der seelisch geistigen Entwicklung. Insofern sieht man dann vielleicht etwas mehr und etwas schärfer, so daß narzißtische Störungen und Borderline-Störungen zugenommen haben. Hinzukommt, daß das die beiden Störungen sind, die, soweit ich orientiert bin, von keiner anderen Therapie erreicht werden, und daß es wohl nur, soweit ich sehe, die Psychoanalyse gibt, um mit dieser Art von Störungen fruchtbar umzugehen.

Frage: Wie könnte sich dieser Symptomwandel – zumindest bezogen auf die Hysterie – verstehen lassen?

W. Loch: Wenn ich sagte, die Hysterie hat nachgelassen und es hängt mit dem sozialen Umfeld zusammen, so kann man schon sagen, da ist ein Zusammenhang und zwar in folgendem Sinne: die klassische Hysterie hat ja sehr viel zu tun mit dem klassischen Ödipuskomplex. Und es ist wohl richtig, daß die Erziehung heute etwas anders abläuft, so daß zwar immer noch der Ödipuskomplex auftritt, aber indem z. B. die Autorität des Vaters nicht mehr in der Weise exekutiert wird wie früher, sich da etwas geändert hat. Dadurch wandeln sich auch die Symptome der Hysterie. Hysterie gibt es immer noch, aber die Symptome haben sich gewandelt. Die hingen sicherlich mit dieser starken autoritären und repressiven Erziehung zusammen. Das stimmt. Und die Krankheitsformen, von denen wir eben sprachen, wie narzißtische Störungen und Borderline-Entwicklungen, die haben sicherlich sehr viel damit zu tun, daß eben die Meisterung der depressiven Position, wie ich das nenne, und die Individuations-Separationsphase heute häufiger – vielleicht häufiger – gestört sind als früher. Mir zumindest fällt das auf, was sicher auch damit zu tun hat, daß die Erziehung an Konsistenz verloren hat, daß eine Umwertung der Werte und eine Kritik der ganzen Werte zustandegekommen ist, so daß eine gewisse Inkonsistenz und Orientierungslosigkeit in der Erziehung resultierte. Und damit, glaube ich, entwickeln sich narzißtische Abwehrformationen mehr, als es vielleicht früher der Fall war. Aber das ich kann nur mit großer Vorsicht sagen, weil, wie gesagt, auch zu bedenken ist, daß unsere Diagnostik sich verfeinert hat und daß wir heute solche Dinge eben auch schneller erfassen und in den psychoanalytischen Prozeß hineinziehen, als man das vielleicht früher, in den 20er Jahren, getan hat.

Frage: Man fragt sich ja bei manchen Krankengeschichten von Freud, ob wir das heute tatsächlich noch als Hysterien diagnostizieren würden – oder ob da nicht manchmal tiefere Störungen ...

W. Loch: ... das ist wahr, und das ist allgemein bekannt und auch in der Literatur ist das dokumentiert, daß fast alle Patienten Freuds nach heutiger Auffassung viel tiefer gestört waren – übrigens auch die berühmte Anna O., die Breuersche Patientin, die vielleicht der Ur-Fall der Psychoanalyse war; da hat man ja neuerlich gefunden – es war gerade ein junger Tübinger Forscher, der das gezeigt hat –, wie schwer krank diese Patientin war und wie diese Erkrankung das weit überstieg, was Breuer damals feststellen konnte.

Frage: Mir liegt noch an einer Begriffsklärung: Sie haben von narzißtischen Abwehrformationen gesprochen. Könnte man das mit Rückzügen aus den konkreten Beziehungen übersetzen?

W. Loch: Das finde ich sehr gut, was Sie da sagen. Genau so wird es auch übersetzt, wenn man nämlich Narzißmus – und das tut unsereins – als Abwehr auffaßt, und ich bin da in Übereinstimmung mit vielen, übrigens auch mit Bion, einem der bedeutendsten Schüler Melanie Kleins, dann sind das eben Rückzüge. Es ist der Aufbau einer narzißtischen Eigenwelt; im Extremfall wäre es eine autistische Welt, wo ich mich von der Wirklichkeit abkopple und in dieser Welt lebe und dann natürlich auch versuche, diese narzißtische Welt draußen durchzusetzen. Aber das geht sehr oft auf Kosten meines zwischenmenschlichen Gesamtverhaltens, und das hat sicher zu tun mit einer ungenügenden Meisterung, mit einer ungenügenden Lösung der depressiven Krise oder depressiven Position, so daß da, wo diese Krise und diese depressive Position nicht gut gelöst wurde, eine Disposition zurückbleibt. Wenn diese Menschen nun Enttäuschungen erfahren, Rückschläge, die unausweichlich sind, ziehen sie sich zurück und entwickeln diese narzißtische Kompensation und können nicht das machen, was eigentlich psychosozial viel wertvoller wäre, nämlich in neuen Interaktionen mit den Menschen etwas gemeinsam wieder aufbauen. Und ich glaube, daß das ein Merkmal ist, das heute sehr deutlich hervortritt. Es tritt aber auch deutlich hervor die Tendenz, sich wieder zusammenzuschließen, Gruppen zu bilden, um auf dieser psychosozialen Ebene etwas zu erleben und zu vollziehen, was zu vollziehen vorher nicht gelang. Die Schwierigkeit ist dabei, daß sich meistens dann diese schon erworbenen narzißtischen Strukturen auch in diesen Gemeinschaften durchsetzen und zu ganz großen Schwierigkeiten führen, so daß die wieder auseinandergehen. Da liegen übrigens auch große Aufgaben und sehr interessante dynamische und strukturelle Verhältnisse vor, die sehr wert sind erforscht zu werden.

Frage: Eine Frage würde ich zum Schluß gerne noch stellen – sie betrifft die Zukunft der Psychoanalyse. Wo sehen Sie ihre Möglichkeiten, und welche Gefahren sehen sie auf sie zukommen?

W. Loch: Also die Gefahren will ich Ihnen sagen, ich habe es schon manchmal meinen Bekannten erzählt: ich war tief beeindruckt von einer kleinen Konferenz mit dem Philosophen, Soziologen Max Horkheimer, ungefähr 1961, wo er sagte, er könne sich vorstellen, daß die Zeit der Psychoanalyse, die für einen Patienten so viele Stunden braucht, wie nun tatsächlich auch heute noch gebraucht werden bei Schwergestörten – nämlich 500, 600 oder 1000 – vorbeigehen könnte, weil die Gesellschaft, weil das Kollektiv – das ist jetzt mein Ausdruck – das dem Einzelnen nicht mehr zugesteht. Das ist die eine Geschichte, und es hat viele Gründe; es hat finanzielle Gründe, es hat vielleicht auch übergreifende Gründe, die sich heute zum Teil in der Einstellung zum Individuum, zur Person breit machen. Das wäre ein neues und interessantes Feld der Unterhaltung, da sehe ich eine gewisse Gefahr.

Die andere Gefahr ist eben die, daß wiederum in Verbindung natürlich mit der Not des Lebens – die ja längst nicht gemeistert ist, wie mal einige Leute, unter anderem auch Marcuse, glaube ich, optimistischerweise glaubten annehmen zu dürfen – die ist ja längst nicht gemeistert, da brauchen wir uns nur das Elend, das allgemeine Elend der Welt vor Augen zu führen, daß eben aus diesen Gründen eine Beschneidung der psychoanalytischen Arbeit erzwungen werden könnte. Das ist richtig, aber auf der anderen Seite – wenn wir sehen, was wir heute auch für Schwerkranke in anderer Weise tun, zurecht tun, was auch sehr kostspielig ist und auch Stunden und Stunden Behandlung erfordert, denken Sie nur an manche Therapien, die wir Gott sei Dank haben, und die wir doch nicht einfach missen möchten, und die wir nicht einfach abschaffen können, weil jetzt plötzlich da – wie nennt man es – das Kostendämpfungsgesetz uns regiert ... Ich glaube, wenn man das bedenkt, daß ja eben auch diese Menschen, von denen wir sprechen, mit denen wir es zu tun haben, sehr, sehr leiden, und daß es Mittel und Wege gibt, ihnen u. U. zu helfen, ich glaube, dann muß man sehen, daß man alles tun muß, um Psychoanalyse im engeren Sinne, so wie wir es hier kurz umrissen haben, zu erhalten und zu ermöglichen.

Frage: Und nebenbei auch zu ermöglichen, daß mit dieser auch als Forschungsinstrument dienenden Psychoanalyse dann auch kürzere Methoden entwickelt und ausgebaut werden können.

W. Loch: Das ist richtig, wir haben immer gesagt, daß es nur auf dem Boden der großen klassischen psychoanalytischen Erfahrung möglich ist, diese Kurzverfahren auf psychoanalytischer Grundlage zu praktizieren, das ist richtig. Und es ist z. B. sehr interessant – ich arbeite gerne mit den praktischen Ärzte zusammen, in dem skizzierten Sinne, aber es hat sich bisher erwiesen, daß das nur geht, wenn man kontinuierlich, über viele, viele Jahre mit den praktischen Ärzten zusammenarbeitet, daß es nicht geht, wenn man sie alleine läßt. Das geht eben wahrscheinlich nur, wenn man ein ausführliches psychoanalytisches Training hat, daß man alleine weitermachen kann, und selbst da geht es kaum. Auch der Psychoanalytiker ist schnell am Ende, wenn er nicht laufend drei, vier große psychoanalytische Behandlungen gleichzeitig hat, und außerdem noch die Möglichkeit, mit seinen Kollegen Fälle zu besprechen. Das tun auch die inzwischen im Beruf Ergrauten und kahlköpfig Gewordenen, auch wir setzen uns zusammen mit unseren gleichaltrigen und jüngeren Kollegen, um unsere eigenen Schwierigkeiten immer wieder in der Gruppe zur Diskussion zu stellen, denn manchmal braucht man diesen exzentrischen Standpunkt, der für die Psychoanalyse so wichtig ist, um eben von weit draußen und von schräg her auf das direkte Feld zu gucken – erst dann kommt man auf die vorhin schon angesprochenen tiefer liegenden Zusammenhänge, weil man im Moment vielleicht so gefangen ist im direkten Umgang mit dem Patienten, daß man das eine Weile nicht sieht.

Frage: Ja, Sie sprechen damit, glaube ich, auch eine der ganz konkreten Gefahren an der Universität an: daß dort solche Psychoanalytiker vielleicht irgendwann gar nicht mehr arbeiten können, wenn sie nämlich nicht mehr als einen sehr geringen Teil ihrer Zeit für diese großen Analysen verwenden dürfen. Die Bestrebungen sind ja im Gange.

W. Loch: Ja, das habe ich gehört. Aber das war zu meiner Zeit für mich noch nicht aktuell – aber ich habe gehört, daß da Restriktionen geplant sind, und ich glaube, das betrifft auch, was wir vorhin sagten. Ich meine, Psychoanalyse kann an einer Institution nur gedeihen oder überhaupt leben, wenn Vorkehrung dafür getroffen ist, daß von dem, was ihr wesentlich ist in Setting und Arbeitsweise, keine Abstriche gemacht werden, die gegen diese Essentials verstoßen.

Frage: Wenn jemand höchstens 8 Stunden Privatpraxis machen darf in der Woche, dann kann er nur 2 Analysen machen.

W. Loch: Privatpraxis oder offizielle Praxis, das ist vielleicht egal, aber er muß drei, vier große Analysen nach internationalem Standard ungefähr laufend machen. Gut, er unterbricht sie mal für vier Wochen oder sechs, aber eigentlich muß er sie dauernd haben, weil er sonst den Kontakt – na ja, um eine Phrase zu gebrauchen: mit dem Unbewußten verliert. Und da komme ich darauf zurück, was ich vorhin sagte, daß es so wichtig ist, daß man diese Durchlässigkeit bekommt, und die kann leicht verlorengehen, wenn man nicht dauernd im Training bleibt. Übrigens, auch ein Chirurg, glaube ich – wenn der vier Jahre nicht operiert, muß er von vorne anfangen.

Frage: Sie haben jetzt die Gefahren genannt. Was könnte eine wichtige, oder die wichtige Funktion der Psychoanalyse, wenn sie erhalten wird, sein in so einer Gesellschaft wie unserer?

W. Loch: Ich glaube, sie hat eine sehr wichtige Funktion, sowohl für die Patienten, Klienten, wie kulturkritisch. Sie sollte doch auch – wie Freud es exerziert hat in »Das Unbehagen in der Kultur« und in anderen Schriften – in größerem Zusammenhang auf Determinanten hinweisen, die wir halt unbewußt nennen und deren Kenntnis sehr hilfreich sein könnte, um gewisse Fehlentwicklungen zu vermeiden. Ich glaube, das gilt eben auch im Großen, wenngleich die Anwendung im Großen sicherlich nochmal sehr viel schwieriger ist als die Anwendung in der individuellen Kur und Therapie.

Frage: Sie sprechen von Ideologien...

W. Loch: Ja, daß man die auch auf ihre Hintergründe abklopfen muß, glaube ich, und das geschieht ja auch zum Teil. Aber man wünscht dem natürlich auch eine Verbreitung. Das geht natürlich nur, wenn man nicht in einer monolithischen Gesellschaft lebt, und dazu muß die Gesellschaft eben so sicher und so stark sein, daß sie sich das leisten kann, kritische Leute am Leben zu lassen und ihnen zu erlauben, ihre Arbeit zu tun, die nicht eine Arbeit der Destruktion ist, sondern eine konstruktive Arbeit.

Psychische Realität – Materielle Realität.
Genese – Differenzierung – Synthese[1]

WOLFGANG LOCH

1. ›Determinatio est negatio‹. Das heißt, wir sagen, wir *müssen* sagen, um ›a‹ zu bestimmen, ›a‹ ist nicht ›b‹, nicht ›c‹ usw., aber ebenfalls ›b‹ ist nicht ›a‹, nicht ›c‹ usw. Bezüglich »der Explikation einer Bedeutung eines Wortes« gilt also, »was in dieser Bedeutung nicht negiert ist« (J. Simon 1978, 38). Oder anders formuliert: »Eine Bedeutung ist dadurch bestimmt, daß sie die Negation anderer Bedeutung ist«. Es ist wichtig zu realisieren, daß »Bedeutung (...) nicht durch einen ›Gegenstand‹ bestimmt (ist), auf den sie sich bezieht, sondern durch andere Bedeutung.« (l.c., 40). Den Bezug zur »Wirklichkeit«, »die Referenz eines Zeichens (eines Wortes, eines Begriffes, W.L.) auf die Wirklichkeit ist (dann) immer die zur Zeit gelungene, die zu Ende gekommene Interpretation«. Dabei ist das Kriterium für ›zu Ende gekommen‹ in dem Moment gegeben, in dem um des Lebens willen gehandelt wird. Für uns gilt dann: »Sie ist wahr« (das ›ist so‹) und kann deshalb auch nur mit *diesem* Zeichen, Wort ausgedrückt werden (Simon 1989, 60). Das Begreifen dieses »Überganges von einer Position zu deren Negation«, der hier zu vollziehen ist, muß als ein »Können unterstellt werden«, und die gesetzte »Wahrheit« ist als das uns alle »grundlegend Verbindende« zu betrachten (Simon 1978, 144f.).

Im Hinblick auf unser Thema zeigen diese Erläuterungen, daß psychische Realität ihre Bestimmung erhält, indem materielle Realität verneint wird und umgekehrt.

2. Wir können nun zur weiteren Verdeutlichung einer solchen ›ersten‹ Bestimmung weiter Differenzierungen vornehmen. Z.B. materielle Realität ist konkret, psychische Realität ist abstrakt. Konkret heißt sinnlich, abstrakt unsinnlich, wobei zu beachten ist, daß auch Abstraktes nicht ohne sinnlich Gegebenes ›wahrgenommen‹ werden kann, denn wir können abstrakte Entitäten erst benennen, wenn ästhetische Phänomene erfahren und ihrerseits in Sprache gefaßt wurden (Künne 1983, 185). Wir stoßen hier auf eine Einsicht,

---

[1] Wir danken dem Verlag frommann-holzboog für die freundliche Genehmigung zum Abdruck dieser Arbeit; fehlende Zitierungszeichen wurden ergänzt.

die Kant so formulierte: »das *empirische Bewußtsein meines Daseins* (...) (ist) (...) nur durch die Beziehung auf etwas, was mit meiner Existenz verbunden, außer mir ist, bestimmbar ...« (KV, B XLI) (i. O. hervorgeh.). Hierin, so betont Kant, liegt die Möglichkeit, »Erfahrung und (...) Erdichtung« zu unterscheiden, »muß« doch ein »äußeres Ding sein (...), dessen Existenz in der *Bestimmung* meines Daseins notwendig mit eingeschlossen wird, und mit derselben nur eine einzige Erfahrung ausmacht, die nicht einmal innerlich stattfinden würde, wenn sie nicht (zum Teil) zugleich äußerlich wäre« (KV Anm. BXLI). Die Unterscheidung zwischen »Erfahrung und Erdichtung« ist, so Kant, »nach den Regeln zu treffen«, »nach welchen Erfahrung überhaupt (selbst innere) von Einbildungskraft unterschieden wird« und muß »in jedem Falle ausgemacht werden« (l. c.).

3. Konkrete wie abstrakte Phänomene haben zwar – wie soeben schon erwähnt wurde – in einer »ästhetischen Deutlichkeit«, die wahrgenommen, die erfahren wird, und zwar »an dem Punkt, an dem das leibbezogene Umfeld des Sprechers als Mittel des Ausdrucks in den Blick gelangt« und eben deshalb »außerhalb der Möglichkeit (s)einer logischen Verdeutlichung liegt« (Simon 1981, 173), eine externe Verankerung, werden als solche aber nicht »sinnlich« (über ›einzelne‹ Sinnesorgane) wahrgenommen. W. R. Bion behauptet deshalb, daß die »zentralen Phänomene der Psychoanalyse wie z. B. ›Fühlen, Denken, Wollen‹« [wobei die beiden letzteren »unbewußt« ablaufen können] (S. Freud 1916/17, XI, 14, 15) und/oder »Angst, Depression, Verfolgung« u. s. w. »no background in sense data« besitzen (W. R. Bion 1970, 47, 57; vgl. auch daselbst 3. Kapitel: Reality sensous and psychic, 26 ff.). Beachtung verdient im Rahmen einer solchen Betrachtung, daß es bei Kant heißt: »Ich nenne dasjenige an einem Gegenstand der Sinne, was nicht selbst Erscheinung ist, *intelligibel*« (KV B566) (i. O. hervorgeh.).[2]

4. Nun heißt ›intelligibel‹ soviel wie ›verständlich‹ sein. J. Strachey übersetzt deshalb zurecht Freuds Terminus »Verständlichkeit« (1901, Über den Traum, 11/111, 679) mit »intelligibility« (SE V, 66f.). In diesen Zusammenhang gehört auch, daß nach Freud die »normale psychische Tätigkeit gegen einen beliebigen ihr dargebotenen Wahrnehmungsinhalt« diesen »erfaßt« ... »unter

---

[2] Vgl. I. KANT: De mundi sensibiliis, 2. Abschn., § 3: »Der Gegenstand der Sinnlichkeit ist sensibel; was aber nichts enthält, als was man durch die Verstandesausstattung erkennen kann, ist intelligibel«. Das erstere (ist) Phaenomenon, das letztere Noumenon« (i. O. hervorgeh.).

der *Voraussetzung* seiner Verständlichkeit«, und weil Verständlichkeit sich ja schon auf bereits Verstandenes – und nicht auf eine »Substanz«, die sich jeder Beschreibung verweigert – beziehen muß, ihn dabei aber u. U. »verfälscht«, oder »Mißverständnisse« produziert, insbesondere, »wenn (z. B. der Traum) sich an nichts Bekanntes anreihen läßt« (l. c., W. L.). Verständlichkeit, Intelligibilität imponiert demgemäß als das Ziel, das es zu erreichen gilt, das uns wesentlich ist, und das, was wir schon wissen, oder zu wissen glauben, bildet die Basis für neues oder erweitertes Wissen. Bei radikaler Verfolgung dieses Gedankenganges leuchtet ein, daß wir zuzugeben haben, daß »ob ein Satz Sinn hat (i. e. verständlich ist, W. L.), davon abhängt(en), ob ein anderer Satz wahr ist«, und zwar ein Satz über die gesellschaftlichen Praktiken der Menschen (L. Wittgenstein, Tractatus logico-philosophicus, 2.0211; s. auch Rorty 1991, 69–93, 78, 79, 80). Man kann das mit dem späten Wittgenstein auch ausdrücken, indem man sagt: »Daß ich diesen Satz als sicher wahr betrachte, kennzeichnet (...) meine Interpretation der Erfahrung« (L. Wittgenstein 1970, § 145). Hier kommt nun aber hinzu, daß auch die Anerkennung einer Wahrheit ein Lernen inkludiert (L. Wittgenstein, l. c., § 144), was nicht ausschließt, daß naturwüchsige Mechanismen ins Spiel getreten sind bzw. treten (l. c., § 505). »Es ist immer von Gnaden der Natur, wenn man etwas weiß.« Und insofern ist »die Sicherheit des Wissens« etwas »Animalisches« (l. c., §§ 359, 358, 357) wie auch Funktion einer je bestimmten ›Lebensform‹, zu der eine bestimmte – internalisierte – »Einstellung« (l. c., § 404) bzw. Perspektive unabdingbar gehört.

Verständlichkeit, Intelligibilität, Verstehen begreifen wir schlechthin als dasjenige Geschehen, das wir ›von Natur‹ aus zu vollziehen haben, um zu denjenigen Einteilungen des Seins, des Seienden zu kommen, die uns die Bewältigung der Probleme, mit denen wir konfrontiert werden, im Dienste des Lebens, wie wir glauben, ermöglichen oder zumindest erleichtern. Wir sollten beachten, daß »Intelligibilität« nicht in ihrem Vollzug aufgeht, d. h., sie ist wesentlich negativ. Ihr Selbstbewußtsein findet sie im »Bewußtsein« der »Einbildungskraft« (J. Simon 1994, 9).

5. In ganz besonders entscheidender Weise gilt das von etlichen Grundeinteilungen, die oben genannt wurden. Letztlich gehen sie zurück auf die Differenzierung von ›Leib und Seele‹. Wir erzeugen und begreifen mit dieser fundamentalen Differenzierung eine »Einteilung (...) des Seienden«. Wir dürfen aber nicht außer acht lassen, daß wir, wenn wir die »Wahrheit« einer solchen Einteilung mit ihrem »*Begriffensein*« gleichsetzen, »metaphysisch denken«,

weil wir nämlich voraussetzen, es wäre entscheidend, »ob etwas (...) in einem *Begriff* gedacht sei oder nicht« (J. Simon 1989, 165–199, 165, 166, hervorgeh. i. O.), womit das Kriterium der Metaphysik erfüllt ist.

6. Daß pragmatische Erwägungen unsere Einteilung des Seienden bestimmen, zeigen Freuds Ausführungen über die Genese der dualistischen Theorie von Körper und Seele (S. Freud 1912/13, IX, 93 ff.): »(...) die Beobachtung der Phänomene des Schlafes (mit dem Traum) und des ihm so ähnlichen Todes, und durch die Bemühung, sich diese (...) Zustände zu erklären (l. c. 95), haben den Glauben an Seelen und Geister, haben das »animistische« (...) »Denksystem« l.c., 96) hervorgebracht.[3] Daß es zu solchen »Schöpfungen« einer psychischen Realität kommt, feiert Freud als »die erste theoretische Leistung des Menschen«. Er stellt dabei »nicht das intellektuelle Problem (...), welches der Tod den Lebenden aufgibt« als primum movens voran, sondern verlegt »(...) die zur Erforschung treibende Kraft in den Gefühlskonflikt (...), in welche diese Situation (der Tod, W. L.) den Überlebenden stürzt« (l.c., 114). In »Zeitgemäßes über Krieg und Tod« (X, 1915 b, 347) wird spezifiziert: »Nicht das intellektuelle Rätsel und nicht jeder Todesfall, sondern der Gefühlskonflikt (...) aus welchem »die Psychologie geboren« wurde (l.c., 347) (...) beim Tode geliebter und dabei doch auch fremder und gehaßter Personen hat die Forschung der Menschen entbunden. (...) An der Leiche der geliebten Person« entstanden nicht nur die Seelenlehre, der Unsterblichkeitsglaube und eine mächtige Wurzel des menschlichen Schuldbewußtseins, sondern auch die ersten ethischen Gebote. Freud hatte bezüglich dieser Überlegungen in Nietzsche einen Vordenker, der 1878 (Menschliches, Allzumenschliches I, KSA, Bd. 2, § 5) den Hinweis gab, daß der »Mensch« (...) »im Traum (...) eine zweite reale Welt kennen« lernt, die zum »Ursprung aller Metaphysik« wird, ihn »Leib und Seele« unterscheiden lehrt, die Annahme eines »Seelenscheinleibes« bewirkt und Aufschluß über »die Herkunft allen Geisterglaubens und (...) Götterglaubens« gibt. Der Philosoph (l. c., § 13) erweitert diese Gedankengänge, indem er anfügt: Im Traum wird ein »uralte(s) Stück Menschentum« lebendig, das »die Grundlage« abgibt, »auf der die höhere Vernunft sich entwickelte und in jedem Menschen sich noch entwickelt«. Mit anderen Worten, es gibt eine archaische Erbschaft, und das Höhere ist ebenso wie dieses selbst Ergebnis einer ›natürlichen‹ Entwicklung, was Freud (1920, XIII, 44) mit den Worten faßte: »Die bisherige Ent-

---

[3] Siehe dazu E. ROHDE (1961): Psyche, Seelenkult und Unsterblichkeit, Darmstadt.

wicklung des Menschen scheint mir keiner anderen Erklärung zu bedürfen als die der Tiere, und was man (...) als rastlosen Drang zu weiterer Vervollkommnung beobachtet, läßt sich ungezwungen als Folge der Triebverdrängung verstehen (...)«, wobei auch die letztere als Ergebnis eines natürlichen Zwanges, nämlich im Interesse des Überlebens Normen setzen zu müssen, zu betrachten ist.

7. Eine andere Ableitung der psychischen Realität, ebenfalls auf der Grundlage einer pragmatischen Perspektive erdacht, hatte Freud in seiner Traumdeutung (1900, II/III, VII. Kap.) entworfen: Ein aktualisierter Wunsch wird als verantwortlich dafür angesehen, daß diejenigen Erlebnisse bzw. die ihnen entsprechenden Vorstellungen oder Denkvorgänge ›besetzt‹ werden, die »zumindest« einmalig die ›reale‹ Erfüllung dieses Wunsches begleiteten. Auf diese Weise erfolgt eine »halluzinierte Befriedigung« (1911, VIII, 232, Anm.). So wird eine »Denkrealität« der »äußeren Wirklichkeit« gleichgesetzt (l. c., 237). (Wir können natürlich auch sagen: eine äußere Realität wird einer Denkrealität gleichgesetzt!). Ein Ablauf der Dinge, der im weiteren von den »unbewußten (verdrängten) Vorgängen« überhaupt gilt. Es hatte auch schon 1900 (II/III, 625) geheißen: »Ob den unbewußten Wünschen *Realität* zuzuerkennen ist, kann ich nicht sagen. (...) Hat man die unbewußten Wünsche, auf ihren letzten und wahrsten Ausdruck gebracht, vor sich, so muß man wohl sagen, daß die *psychische Realität* eine besondere Existenzform ist, welche mit der *materiellen* Realität nicht verwechselt werden soll.« In den Vorlesungen wird dieser ›Sachverhalt‹ folgendermaßen beschrieben (1916/17, XI, 383): »Auch sie (die Phantasien, W. L.) besitzen eine Art von Realität; (...) der Kranke (hat) sich solche Phantasien geschaffen, und diese Tatsache hat kaum geringere Bedeutung für die Neurose, als wenn er den Inhalt dieser Phantasien wirklich erlebt hätte. Diese Phantasien besitzen *psychische* Realität im Gegensatz zur *materiellen*, und (...) *in der Welt der Neurosen* (ist) *die psychische Realität die maßgebende.* (...)«

8. Wiederholt wurde der Begriff »Realität« benutzt. Es soll versucht werden, einige knappe Erläuterungen zu seinem Verständnis anzufügen. Vorab ist es grundlegend, daß wir zwischen ›Realität‹ und ›Idealität‹ unterscheiden. Kant folgend, sehen wir zunächst zwischen dem »objektiv Realen« und dem »Idealen« (»Imaginären«) »eine unüberbrückbare Differenz« (Courtine 1992, 185). Oder mit Duns Scotus: »Das real Seiende (...) ist jenes, das aus sich selbst Sein hat, unabhängig von jeder Tätigkeit des Intellektes« (l. c., 185). Kant hob wiederholt hervor, daß sich unsere Begriffe nur dann »auf einen

Gegenstand beziehen« können, »wenn der Gegenstand (...) mittels sinnlicher Anschauung (...) gegeben werden kann« (l.c., 189). Kant hat allerdings (M. Heidegger, 1963, Kants These über das Sein), und geht so über Duns Scotus hinaus, eine weitere wesentliche Unterscheidung getroffen, nämlich die zwischen dem »logischen[4] Gebrauch« (KV A 598, B 626), die Beziehung zwischen Satzobjekt und Prädikat betreffend (Heidegger, l.c., 14), und dem »ontischen bzw. objektiven Gebrauch des Seins« (Heidegger, l.c., 13), der die Existenzbehauptung bzw. Setzung als »die absolute Position« des Dinges selbst einschließt, die nicht prädikativer Natur ist (zit. nach Heidegger, l.c., 13/14) – wobei ein »reales Prädikat« den »Sachgehalt eines Dinges« meint, den wir uns »in seinem Begriff« vorstellen (l.c., 10), und der der Dimension des »Möglichen« zugehört –, d.h. vielmehr »die Position der Beziehungen zwischen Ichsubjekt und Objekt« charakterisiert und dessen »Wirklichkeit« behauptet (l.c., 27). Bekanntlich sieht Kant in der synthetischen Einheit der Apperzeption, »diesem Urakt des erkennenden Denkens« (l.c., 26), die Bedingung dieser Beziehung. Von ihr sagt Heidegger (l.c., 19): »Apperzeption besagt: 1. Zum voraus in allem Vorstellen mit dabei als einigend; 2. bei solcher Vorgabe von Einheit zugleich angewiesen auf Affektion.« Diese sinnliche ›Affektion‹ ist bei Kant der Garant der Realität im Sinne der *Wirklichkeit*, denn »was mit den materiellen Bedingungen der Erfahrung (der Empfindung) zusammenhängt, *ist wirklich.*« (i.O. hervorgeh. KV B 265, A 218).

9. Ein Pendant zu Kants synthetischer Einheit der Apperzeption findet sich bei Freud unter dem Titel »Streben nach Einheitlichkeit« bzw. »Zwang zur Vereinheitlichung«, »ein merkwürdiges Streben nach Vereinheitlichung«, »einzig zur Synthese seiner Inhalte (...), der dem Es völlig abgeht« (1923, XIII, 274; 1926, XIV, 223; 1933, 82; vgl. auch 1919, XII, 186). »Vereinheitlichung« ist für Freud »eine intellektuelle Funktion«, die »Zusammenhang und Verständlichkeit von jedem Material der Wahrnehmung oder des Denkens« »fordert«. Unter Umständen stellt sie »unrichtige Zusammenhänge« her, nämlich, »wenn sie den richtigen nicht erfassen kann«. Insgesamt muß man ihr den Charakter zuschreiben, »Systeme« zu produzieren, wofür der »Traum«, eine »Phobie«, das »Zwangsdenken«, die »Wahnerkrankungen« usw. Beispiele sind (1912/13, IX, 117).

Man erkennt, daß Freud zu den oben zitierten Gedanken, Kants Intelligibilität, Intelligenz betreffend, in enger Beziehung steht. Diese Verwandt-

---

[4] Sie ist logisch und nicht kontingent, weil eine externe und eine interne Referenz nicht voneinander unabhängig sind (vgl. HINTIKKA und HINTIKKA, l.c., 339).

schaft wird m. E. unterstrichen, wenn Freud in der Traumdeutung (1900, II/III, 599, 608), um die Ermöglichung von Denkvorgängen »plausibel« zu machen, von »Überbesetzung« spricht, »die das Bewußtsein vermittelt«, wobei »Worterinnerungen« dessen »(...) Aufmerksamkeit (...) auf sich« (l. c., 622) zieht. Im Hinblick auf die von Freud supponierten, hier beteiligten energetischen Faktoren hieß es übrigens: »Die Mechanik dieser Vorgänge ist mir ganz unbekannt« (l. c., 605), was wohl nur bedeuten kann, daß das ganze Geschehen nicht ohne physikalische Vorgänge abläuft – wie sollte es auch! –, daß aber die Kategorie »Verständlichkeit« oder »Verstehen« sich einer ›physikalischen‹ Erfassung entzieht (s. § 3).

10. Inzwischen stießen wir auf die wichtige Einsicht, daß die Existenzbehauptung einer Realität, des Seienden im Sinne Kants, der Setzung einer »absoluten Position nicht prädikativer Art gleichkommt« (§ 8), aber an sinnliche Affektion gebunden ist. Nicht erwähnt wurde, daß der Gedanke, es gäbe im Hinblick auf Realität neben den ›Intelligibilia‹, den »Noumena im negativen Verstande« »leere Begriffe«, so daß wir über diese »Verstandeswesen ganz und gar nichts Bestimmtes wissen können« (s. dazu Eisler 1984, 340), auch »Noumena im positiven Verstand«. Sie hatte Kant auf die Idee ›Freiheit‹ gegründet, eine »transzendentale Idee« (KV A 559, B 587), und aus dem Phänomen des Sollens abgeleitet, welches »Naturbedingungen nicht bewirken können, das (aber) die Vernunft ausspricht« und ihnen »Maß und Ziel, ja Verbot und Ansehen entgegensetzt« (l. c.), die eine eigene Ordnung nach Ideen herstellt, »in die sie die empirischen Dinge hinein paßt, und nach denen sie sogar Handlungen für notwendig erklärt, die noch nicht geschehen sind, (...) (und die dabei stets) voraussetzt, daß die Vernunft in Beziehung auf sie (die Handlungen, W. L.) Kausalität haben könne, denn ohne das würde sie nicht von ihren Ideen Wirkungen in der Erfahrung erwarten« (KV A 548, B 576, 577). Indem uns diese Eigenschaft zukommt, haben wir einen »intelligiblen Charakter«, der »kein *Vorher* oder *Nachher*« (A 553, B 581) kennt, also ›zeitlos‹ ist. Kant hebt weiter hervor, daß »die Vernunft in ihrer Kausalität keinen Bedingungen der Erscheinung und des Zeitlaufs unterworfen ist«, was impliziert, »wir können (...) mit der Beurteilung freier Handlungen, in Ansehung ihrer Kausalität, nur bis an die intelligible Ursache, aber nicht *über dieselbe* hinauskommen« (A 557, B 585) (i. O. hervorgeh.).

11. In dem Maße, in dem Vernunft, Intelligibilität nicht mehr wie bei Kant als etwas Unbedingtes, Ahistorisches gesetzt wird, gewinnt der historische, genetische Gesichtspunkt an Bedeutung, und der Holismus der Lebenswelt

mit ihrer je eigenen Sprache, ihre Praxis, die in ihr wirksamen biologischen Triebe und die sozialen Verhältnisse werden zu dem Feld, in dem, durch das die Phänomene der psychischen Welt entstehen. (Sehr informativ wird diese Entwicklung aufgezeigt in: W. Stegmaier, 1992). Vernunft verliert dabei ihre Rolle als »unwandelbarer Maßstab«, ja sie wird »Partei« (Kittler 1994, 13). Freud nimmt in dieser Bewegung neben (um nur einige Namen zu nennen:) Darwin, Dilthey, Nietzsche, Heidegger, Wittgenstein, Foucault, Davidson, Rorty eine wesentliche Position ein. 1920 führte er aus (und stellte sich damit auf die Seite derer, die einem Platonismus im Sinne einer Transzendenz-Philosophie nicht mehr folgen konnten): der »rastlose(n) Drang zu weiterer Vervollkommung« ist »Folge (von) Triebverdrängung (...), auf welche das Wertvollste an der menschlichen Kultur aufgebaut ist.« In den Trieben, so Freud, vorab in den »Sexualtrieben«, in der verbindenden Kraft des Verknüpfens, die dem Eros eignet, liegt die innere Tendenz zum Fortschritt und zur Höherentwicklung (1920, XIII, 44, 42, 43, Anm. 1), »Verdrängung und Hemmung der Triebentladung« sind auch Voraussetzung für die Entstehung von Gedanken, die Entfaltung des Denkens und Sprechens (W. R. Bion) und also für die Ermöglichung des Zusammenlebens der Menschen, denn ohne ihr Dazwischentreten gäbe es nur den Trieb und den sofortigen Vollzug seines konsumatorischen Aktes, so daß die Einschaltung einer »Denktätigkeit« entfiele (Freud, 1938, XVII, 129). Daß Lebenswelt, Praxis, die Kultur außer ihren positiven, lebensfördernden Einflüssen auch total gegenteilige Effekte haben können, ist im Hinblick auf die Komplexität der an ihrer Gestaltung beteiligten Faktoren und den antagonistisch gerichteten Dynamismen (es gibt die verbindenden, erotischen, sowie die trennenden, zerstörenden, aggressiven Triebe) unvermeidlich. Freud wies bekanntlich auf die schädlichen, destruktiven Mechanismen der Kultur wiederholt hin (z.B. 1930, XIV) und beschrieb kulturbedingte Denkhemmungen, Zwangsdenken sowie Sexualisierungen des Denkens, die es unfruchtbar machen. W.R. Bion hat außerdem ausführlich über positives und negatives Wissen gehandelt, das durch gestörte Beziehungen, die Mißachtung projektiv-identifikatorischer Prozesse zwischen Kleinkind und Beziehungsperson entsteht (1962, 1963).

12. Aus der durch die Historisierung bedingten Auflösung der Metaphysik ergibt sich eine bedeutende Konsequenz: »Notwendige und kontingente Wahrheiten«, die »Unterscheidung von Philosophie und Wissenschaft« lassen sich nicht länger verteidigen. Hinfällig wird somit die Trennung von »Kategorie (Kategorie, W. L.) und Inhalt« (R. Rorty 1991, 81, 82, 84); von

»Schema und Realität«, der »Dualismus (von) synthetisch und analytisch« (D. Davidson 1985, 183–198). Vgl. auch: J. Piaget (1968, 107): »(...) das jede Form ein Inhalt ist (...) und jeder Inhalt eine Form«. Hier ist zu erinnern, daß Freud (1918, XII, 155) »phylogenetisch mitgebrachte Schemata, die wie philosophische ›Kategorien‹ die Unterbringung der Lebenseindrücke besorgen« als »(...) Niederschläge der menschlichen Kulturgeschichte« auslegte, i. e. holistisch erklärte und übrigens auch den Ödipuskomplex ihnen zurechnete. Man kann sagen, Freud hat damit die Gleichstellung von Schema und Inhalt, hat ihre unauflösliche Interdependenz, ihre wechselseitige Bedingtheit behauptet.

13. Allerdings bleibt auch bei Zugrundelegung solcher Auffassungen die Frage ungelöst, durch welches Kriterium wir materielle und psychische Realität differenzieren. Nicht differenzieren können wir sie ja hinsichtlich des logischen Gebrauchs (§ 8), denn die in beiden Dimensionen getroffenen Prädizierungen sind ihrem Wesen nach nicht verschieden. Wir schlossen uns (§ 8) Kant und Heidegger an und sehen in der Existenz eine absolute Position, die über die logische, prädikative Bestimmung hinausgeht. Unter Berücksichtigung der Nicht-Trennbarkeit von Schema und Realität wird diese Abtrennung der Existenz hinfällig. Aber sagt nicht Kant dasselbe (s. auch § 8): »Wenn eine Erkenntnis objektive Realität haben, d. h. sich auf einen Gegenstand beziehen und in demselben Bedeutung und Sinn haben soll, (...) muß der Gegenstand auf irgend eine Art gegeben werden können.« Das heißt: »dessen Vorstellung (ist) auf Erfahrung (...) (zu) beziehen« (KV A 156, B 195), oder: »(...) *die Wirklichkeit* der Dinge zu erkennen, fordert *Wahrnehmung*, mithin Empfindung (...)« und: »die Wahrnehmung, die den Stoff hergibt, ist der einzige Charakter der Wirklichkeit« (A 225, B 273). In der Kritik der Urteilskraft hat Kant (B 340, A 336) noch einmal unmißverständlich diese Zusammenhänge herausgestellt: »Nun beruht aber alle Unterscheidung des bloß Möglichen vom Willkürlichen darauf, daß das erstere nur die Position der Vorstellung eines Dinges respektive auf unseren Begriff und überhaupt das Vermögen zu denken, das letztere aber die Setzung des Dinges an sich selbst (außer diesem Begriff) bedeutet«.

14. Nun hat (§ 11) aber die Wahrnehmung der Gegenstände dieser unserer Welt und »die Identifizierung der Gegenstände des Denkens (...) eine soziale Grundlage« insofern, als im Hinblick auf den Erwerb einer Sprache oder überhaupt auf das Bezugnehmen auf die Dinge, die »Triangulierung« Schüler-Lehrer-Gegenstand nicht hintergehbare Voraussetzung ist. Denn nur inso-

fern zwischen diesen drei »Elementen« ein kausales Wechselspiel, das »Ähnlichkeitsreaktionen« zur Grundlage hat, abläuft, wird es möglich, daß sich die beiden Protagonisten im Handeln und Sprechen auf denselben Gegenstand, auf dasselbe beziehen (Davidson 1993, 12, 45, 63, 81, 83). Damit ist auch gesagt, daß wie bei Kant – »die Sinneserfahrung (...) eine Hauptrolle bei dem kausalen Vorgang, durch den die Überzeugungen mit der Welt verbunden werden« spielen. Davidson setzt jedoch hinzu, es sei »ein Fehler zu glauben, daß ihnen bei der Bestimmung des Inhalts dieser Überzeugungen eine *erkenntnistheoretische Rolle*« zukomme (l.c., 96, 97, Hervorh. W. L.), was nicht anders sein kann, wenn Sinn erfassen, Verstehen, Bedeutung haben zwar mit einer Praxis verbunden sind, aber erst, nachdem sie einmal bestimmt wurden, erkenntnistheoretisch relevant werden.

Ist hier nicht unterstellt, daß wir über die Sinneserfahrung hinaus eine Dimension erreichen, die oben (§ 3) ›intelligibel‹ genannt wurde? Wir können sie auch mit ›Verstehen‹ (§ 4) bezeichnen. Letzteres geht über ›konkretes‹ Wahrnehmen hinaus (W. Künne, l.c., 183). Es hat zum einen mit der synthetischen Funktion zu tun, zum anderen – und dies ist in unserem Zusammenhang vor allem bedeutsam – mit der Erfassung des in einer Äußerung »individuell Mitgeteilten«, das einen Sinn hat, das eine Bedeutung hat, dem also eine spezifische Intention zugrundeliegt. Damit ist das konkret Gesagte transzendiert (l.c., 201). Schon wenn wir Universalien einführen, sind wir in dieser Dimension.

15. Die vorstehenden Ausführungen haben folgendes gezeigt: Alle Phänomene, die konkreten wie die abstrakten, haben externe Wurzeln bzw. Ursachen (§ 1). Ein grundlegendes Moment unseres ›In-der-Weltsein‹ ist *Erfahrungen* machen (§ 12), die interpersonale ›Ähnlichkeitsreaktionen‹ im Hinblick auf die uns begegnenden Dinge, Phänomene zur Voraussetzung haben, die zweierlei erlauben:

a) daß wir uns auf ein und dasselbe ›Objekt‹ beziehen können, und
b) daß wir über die Triangulierung ›Lehrer-Schüler-Gegenstand‹ bzw. Kind-Eltern-Welt im Handeln, Sprechen und Denken miteinander verbunden lernen, d.h. eine Sozialisation erhalten und zugleich in Identifikation mit dieser Triangel uns handelnd und denkend zu uns selbst verhalten können (§ 13).

Hier laufen Geschehnisse ab, die eine Dimension betreffen, die ›nicht-sinnlicher Natur‹ sind, was mit dem Terminus ›intelligibel‹ gefaßt wird (§ 3,4), ein Begriff, der mit ›Verstehen‹ gleichgesetzt werden darf. Auf ihn kann auch dann nicht verzichtet werden, wenn man das Dogma von der Trennbarkeit (mit Davidson, § 12) von Schema und Realität aufgibt, denn seine Akzeptanz wie seine Verwerfung erfordern einen Akt des Verstehens.

16. Die Aufgabe dieses Dogmas zieht wichtige Schlußfolgerungen nach sich:

a) Die Meinung, man könne einen metaphysischen ›Gottesbezugspunkt‹ einnehmen und festhalten, ist hinfällig.
b) Die Verifizierungen unserer Erfahrungen sind direkter Natur, sie ergeben sich unmittelbar. Da sie über Zeichen zustande kommen, gilt: »Alles Wesentliche ist, daß die Zeichen sich, in wie immer komplizierter Weise, am Schluß auf die unmittelbare Erfahrung beziehen und nicht auf ein Mittelglied« (ein Ding an sich) (Wittgenstein 1930, Schriften 2, XXII). (Es sei nicht erörtert, ob Wittgenstein hier Kants Begriff ›Ding an sich selbst‹ korrekt verwendet. W. L.)
c) Durch b) ist impliziert, daß »in jedem Welt-Fremd- und Selbstverständnis« eine »Interpretation« zu leisten ist. Dies trifft zu auf die »alltäglichphänomenalen Erfahrungen« und auf die »reflektierten Einstellungen und Rekonstruktionen dessen, was (...) geschieht, wenn wir so oder so empfinden, wahrnehmen, sprechen, denken und handeln, wie wir dies nun einmal tun« (G. Abel 1992, 167–194)[5]

17. Die im Sinne einer »aneignenden Deutung«, im Sinne des uns aufgegebenen Verstehenmüssens zu leistende Interpretationen, die »Erklärungen, (...) Theorien, Begründungen« betreffen, nennt Abel Interpretation 3; Interpretationen 2 betreffen »Gleichförmigkeitsmuster und die Gewohnheiten unseres Welt-, Fremd- und Selbstverhältnisses«. Interpretation 1 bestimmt die kategorisierenden Funktionen, die Weisen des Interpretierens von »Welt- und sinn-formierenden Horizonte(n)« (l. c., 170). Es liegt an der Kategorie Interpretation 1, daß wir aus dem »continuum«, das »in Wahrheit vor uns« steht (F. Nietzsche 1886, § *112*) »diskrete Entitäten« (J. Ahumada 1994, 655–770; Matte-Blanco 1975, 139) – wie Nietzsche sagt – »isolieren«. Sie sind der Grund für die Gewinnung von »ostensible knowledge«, durch das Analy-

---

[5] E. GADDINI (1992) entwickelte die Hypothese, daß post partum die früheste Welt des Kindes auf der Basis einer rein sensorischen Erfahrung zustande kommt. Erst nachdem das Kind imstande ist, sich als von der Mutter (Umwelt) getrennt zu erleben, können sich Perzepte herausbilden, wodurch das primäre »functional learning« durch mental learning ersetzt werden kann. (vgl. TUSTIN, 1986).

sand und Analytiker eine gemeinsame Wirklichkeit erfahren, in der richtig und falsch, Phantasie und Realität erkannt und falsifiziert werden können.[6]

Beachtung verdient, daß auch das So-und-So-Interpretieren auf Interpretation basiert. In diesem Sinne sind wir die interpretierenden Wesen (l.c., 173), was mit einschließt, daß wir uns selbst interpretieren. Hier liegt ein zirkelhaftes Geschehen vor, Abel nennt es den »Geschehens-logischen-Interpretations-Zirkel« (l.c., 174; Abel 1984, 162–184).

18. Mehrmals schon wurde darauf hingewiesen, daß »Erfahrungen machen«, machen können,

1. eine grundlegende Eigenschaft unseres Daseins (wie sicher auch alles Belebten) ist, daß sie
2. erwächst aus einer hereditär verankerten (leibgebundenen) Auslegung der begegnenden Reize, die *so* wahrgenommen werden, und daß
3. durch Verarbeitung und Verknüpfung des Wahrgenommenen mittels Sprache (1923, XIII, 250) Dinge und Ereignisse interpretiert, konstruiert und bewußt werden.

Freud ließ den Hinweis nicht aus, daß es außer oder neben dem Weg über die Sprache den Weg zu den Dingen dieser Welt über Bilder, über »visuelles Denken« geben kann, daß »visuelle Bestandteile der Wortvorstellung (...) und ebenso die Bewegungsbilder des Wortes« (...) als »besonderer Sinnesursprung für das System Vbw« anzunehmen sind (l.c., 248). Allerdings sei »Das Denken in Bildern (...) nur ein sehr unvollkommenes Bewußtwerden«, denn ihm fehlt, was »Gedanken besonders kennzeichne(n)t«, die Darstellung der »Relationen« (...), denen »ein visueller Ausdruck nicht gegeben werden kann« (248). Freud formuliert hier in knapper Form einen Gedanken, den Wittgenstein in extenso entwickelte (Philosoph. Untersuchungen, 299f.). Er verglich einen Satz mit einem »Radikal« (ein der Chemie entlehnter Terminus, der eine ›Stoffklasse‹ charakterisiert), einem Bild, dessen ›Sinn‹ – ein reflexives Phänomen – erst durch eine ›Funktion‹, eine ›semantische Kom-

---

[6] Unter Bezugnahme auf CH. S. PEIRCE schreibt H. PAPE (1989, 331): »Der aktuelle Vollzug einer Wahrnehmung ist geprägt vom Ereignischarakter (...) der kausalen Faktoren, die eine einzelne Empfindungsqualität in einem Perzept isoliert. Diese im Wahrnehmungsprozeß unbewußt erfolgende Auswahl der Empfindungsqualitäten beruht auf artspezifischer Anpassung der Sinnesorgane an die für das Subjekt relevanten Merkmale der Umwelt (...).

ponente‹ ergriffen werden kann, was durch ein »Sprachliches oder außersprachliches Element« geschieht (E. Stennius 1969, 211).

19. In »Das Ich und das Es« hat Freud im Hinblick auf die Rolle der Sprache eine weitere Bemerkung gemacht, die wiederum seine Nähe zu einem ›nachmetaphysischen‹ Denken sehr deutlich macht. Er sagt nämlich: »Durch (...) Vermittlung (...) der Wortvorstellungen (...) werden die inneren Denkvorgänge zu Wahrnehmungen gemacht« (1923, XIII, 250). Schon 1895 (Entwurf einer Psychologie, 444) hieß es – und diese Formulierung postuliert eine Identität von Denken und Sprache und negiert im Sinne Wittgensteins ein ›kausales‹ Verhältnis, macht einen »Rekurs auf mentale Akte (...) überflüssig« (K. Wuchterl, 1969, 154) – »die Sprachabfuhrzeichen (...) stellen die Denkvorgänge den Wahrnehmungsvorgängen gleich«. Freud zog in dieser Form keinen solchen Schluß. Er sagte allerdings (1923, XIII, 250), es sehe so aus, »als sollte der Satz erwiesen werden: alles Wissen stammt aus der äußeren Wahrnehmung«, aber indem er offenbar den Gedanken der grundsätzlichen Möglichkeit eines objektiven Wissens und einer absoluten Wahrheit nicht aufgeben mochte, war es ihm nicht möglich, an der Einsicht festzuhalten, die er gegenüber Einstein zum Ausdruck brachte, daß »unsere Theorien (...) eine Art von Mythologie« sind (1932, XVI, 22).

20. In § 4 und § 5 wurden bereits Hinweise auf die Einteilung in materielle und psychische Realität gegeben. An sie anknüpfend und sie vertiefend ist jetzt daran zu erinnern, daß Freud (1923, XIII) eine bislang nicht erwähnte, das psychische Leben weiter differenzierende Unterteilung vornahm, nämlich in: bw, vbw und ubw (l.c., 240, 241, 242) seelische Seins- bzw. Tätigkeitsweisen. Dabei hielt er fest, daß das Bewußte eine der verschiedenen psychischen Qualitäten darstellt, »die zu anderen (psychischen) Qualitäten hinzukommen oder auch wegbleiben« kann (l.c.,239). Freud befand ferner, daß

a) »alle Wahrnehmungen, die von außen (...) kommen (Sinneswahrnehmungen)«, und daß
b) »Empfindungen und Gefühle«, die »von innen« stammen, bewußt werden (l.c., 246) können.

Aber – so eine wesentliche Einschränkung – »bewußt werden kann nur das, was schon einmal *bw* Wahrnehmung war und was außer Gefühlen von innen (...) bewußt werden will, muß versuchen, sich in äußere Wahrnehmung umzusetzen. Dies wird mittels der Erinnerungsspuren möglich« (l.c., 247).

Außerdem gilt, daß die »lebhafteste Erinnerung immer noch von der Halluzination wie von der äußeren Wahrnehmung unterschieden wird (...)«, weil »die Besetzung im Erinnerungssystem erhalten bleibt; (...) wenn die Besetzung nicht von der Ergänzungsspur auf das W-Element übergreift, sondern völlig auf dasselbe übergeht (...)«, »mag« (...) eine »von der Wahrnehmung nicht unterscheidbare Halluzination entstehen« (l.c., 248).

21. 1937 (Konstruktionen in der Analyse, XVI) erwähnt Freud ein Phänomen, das den praktisch tätigen Analytikern in aller Regel wohlbekannt ist (l.c., 53): z.B. wurde einem Analysanden, der von einem Fest geträumt hatte, auf dem plötzlich alle tanzenden Paare in ein anderes Zimmer hinübertanzten, so daß er allein zurückblieb, gesagt, vielleicht habe er die Teilnehmer der Veranstaltung zum Teufel gewünscht, um endlich mit einer Frau, in die er verliebt war, alleine zu sein. Daraufhin berichtete der Analysand, er sehe unvermittelt mit großer Schärfe und Deutlichkeit eine kostbare Vase vor sich, die er aus dem Haus einer Tante kenne, und diese Tante habe mit ihrem Mann, dem Bruder seines Vaters, einen heftigen Streit gehabt; man habe behauptet, daß dieser Onkel wegen der streitsüchtigen Tante vorzeitig verstorben sei.

Freud fand im Hinblick auf solche überdeutlichen Erinnerungen, sie glichen Halluzinationen, und sie wären als Halluzination zu werten, wenn zu ihrer »Deutlichkeit noch der Glaube an ihre Aktualität« hinzukäme. Freud zog aus diesen Erfahrungen den Schluß, es könne »ein allgemeiner Charakter der Halluzination sein«, daß in ihr etwas in »der Frühzeit Erlebtes und dann Vergessenes wiederkehrt«, was »(...) gesehen oder gehört (wurde) zur Zeit«, als »das Kind (...) noch kaum (...) war (...)« (l.c., 54). Freud hebt ferner hervor – und dies findet gegenwärtig weithin Anerkennung –, daß die »historische Wahrheit«, die so zum Vorschein kommt, daß ihr »Wahrheitskern« (...) »Anerkennung« notwendig hat, denn nur unter diesen Umständen gibt es »einen gemeinsamen Boden«(...) für »die therapeutische Arbeit«, denn unter diesen Umständen haben Analysand und Analytiker eine »Lebensform« gemeinsam.

22. Der genannte ›Wahrheitskern‹ betrifft ein real-existierendes Objekt, i.e. etwas, das der Außenwelt zugehört. Auch die von Freud in der Traumdeutung beschriebene »halluzinatorische Wunscherfüllung« hat ja übrigens als Grundlage eine externe Erfahrung, die mit einer äußeren Wahrnehmung und mit einer inneren Wahrnehmung, nämlich dem Sattwerden, das einer Trieb-

befriedigung entspricht, verknüpft ist. Die letztere ist es, die »den inneren Triebreiz aufhebt« (Freud 1900, II/III, 571, 572). Bekanntlich verstand Freud diesen ganzen Vorgang als eine »primitive Denktätigkeit«. Sie muß, soll das Überleben des Organismus sichergestellt werden, zu »einer zweckmäßigen (...) sekundären Denktätigkeit modifiziert« werden, womit der Übergang vom Lust-Unlust-Prinzip zum Realitätsprinzip mittels »Realitätsprüfung« sich ereignet, der insbesondere daran geknüpft ist, daß »nicht mehr (nur) vorgestellt« werden kann, »was angenehm, sondern was real war, auch wenn es unangenehm sein sollte« (Freud 1911, VIII, 232), was als Voraussetzung dafür zu gelten hat, daß das Objekt einer vormaligen realen Wahrnehmung wiedergefunden werden kann (1925, XIV, 14), so daß dessen (zeitweilige) Abwesenheit toleriert wird.

23. In seinen Überlegungen zur Genese des Traumes greift Freud G. Th. Fechners Idee über eine »*psychische Lokalität*« auf (l. c. 1900, II/III, 541.). Er modifiziert sie aber sogleich durch die folgende Anmerkung: »Streng genommen brauchen wir die Annahme einer wirklich räumlichen Anordnung der psychischen Systeme nicht zu machen. Es genügt, wenn eine feste Reihenfolge dadurch hergestellt wird, daß bei gewissen psychischen Vorgängen die Systeme in einer bestimmten zeitlichen Folge von der Erregung durchlaufen werden« (l.c., 542). Ganz eindeutig wird dann im Kapitel »Das Unbewußte und das Bewußtsein – die Realität« festgehalten: Der Psychoanalyse geht es um »*dynamisch*(e)« Aufklärung eines »Kräftespiels« (l.c., 614ff.), und zwar im Sinne der im VII. Kapitel der Traumdeutung gegebenen Analysen.

24. Bei der Zergliederung der Traumvorgänge entwarf Freud die Theorie von zwei verschiedenen psychischen Arbeitsweisen: Primärvorgang und Sekundärvorgang, die mit »zweierlei (...) *Ablaufarten der Erregung*« korreliert werden« (i.O. hervorg.). Das Ziel der ersteren sah Freud in der Herstellung einer »Wahrnehmungsidentität«, das der zweiten in dem einer »Denkidentität«. Die Erörterung dieser Prozesse gab Freud zu einer wichtigen Klarstellung Anlaß: daß nämlich »Vorstellungen, Gedanken, psychische Gebilde im allgemeinen überhaupt nicht in organischen Elementen des Nervensystems lokalisiert werden dürfen, sondern sozusagen *zwischen ihnen*, wo Widerstände und Bahnungen das ihnen entsprechende Korrelat bilden. Alles, was Gegenstand unserer inneren Wahrnehmung werden kann, ist *virtuell*, wie das durch den Gang der Lichtstrahlen gegebene Bild im Fernrohr.« (l.c., 615, 616) (i.O. hervorg.).

25. Soeben wurde der ›Wahrheitskern‹ der Konstruktionen und damit implicite auch der der Mythen und Phantasien herausgestellt. Als nächster Schritt sei unsere Aufmerksamkeit auf eine weitere grundlegende Feststellung Freuds gelenkt, die er in seinen Briefen an Fliess wiederholt formulierte: »Die Phantasien« – sie werden zur Betonung ihres Abwehrcharakters auch als »Schutzbauten« bezeichnet – »entstehen durch unbewußte Zusammenfügung von Erlebtem und Gehörtem nach gewissen Tendenzen«. Diese Tendenzen sind bestrebt, »die Erinnerung unzugänglich zu machen«, damit keine »Symptome« entstehen. Ihre »Bildung« erfolgt in »Erregungszeiten«. Daß solche Vorgänge im »präsexuellen« Stadium sich abspielten, aber erst nachträglich als »Erinnerungen« (...) »wirken« (Br. 8.10.95 und 15.10.95; vgl. Br. 10.3.98), an dieser »Nachträglichkeit« hat Freud stets festgehalten (siehe z. B. 1896. Weitere Bemerkungen über die Abwehr-Neuropsychosen, I; siehe auch Fußnote 2 in SE, III, p.166, 383; 1898, die »Sexualität in der Ätiologie der Neurosen«, I, 511). Freud unterschied sogar zwei Stufen der Nachträglichkeit: eine erste, sie führt zum Verstehen des ursprünglichen bloßen »Eindrucks«, von einer zweiten, die mittels »bewußter Denktätigkeit« das Verstandene erfaßt (1918, Aus der Geschichte einer infantilen Neurose, XII, 72, Anm. 1). Nietzsche erhob Nachträglichkeit zu einem Prinzip, indem er den Gedanken vertrat, daß wir Ursachen aus der Wirkung erschließen. M. Stingelin fand heraus, daß er darin in Helmholtz einen Vorgänger hatte (1994).

26. In den Paragraphen 6, 7, 16, 18, 19 wurde von Phantasien und Halluzinationen gehandelt. Wir sahen inzwischen, daß Freud die Genese dieser psychischen Phänomene mit den folgenden Faktoren in Zusammenhang bringt:

1. Mit Gefühlskonflikten am Totenbett der nächsten Angehörigen. Es sind Konflikte, die Anlaß geben, eine »Seelenlehre« zu entwickeln, »Geister« zu imaginieren und einen »Unsterblichkeitsglauben« sich auszudenken, der Trost spendet. Die »erste Weltanschauung der Menschheit«, der »Animismus«, so Freuds berechtigte Folgerung, ist demnach eine »psychologische Theorie« (1912/1913, Totem und Tabu, IX, 96).
2. Mit der Möglichkeit einer sog. »halluzinatorischen Wunscherfüllung«, die sich einstellt, nachdem ein Triebwunsch, der einmal reale Befriedigung fand, erneute Aktivierung erfährt (Traumdeutung, 1900a). In Verbindung mit diesen Überlegungen steht es, daß Freud (und er steht damit Kant nahe, s. § 1) davon überzeugt war, daß ohne von außen kommende

Wahrnehmungen und dazugehörige Erinnerungen keine bewußte psychische Welt sich entwickeln kann, wobei die Sprache, genauer die »Wortvorstellungen« eine bestimmte Rolle einnehmen, denn über sie werden »innere Denkvorgänge zu Wahrnehmungen« (siehe § 17) (1923, XIII, 126). Das gilt auch für »Empfindungen« und »Gefühle«, von denen Freud zwar annimmt, daß sie »direkt bewußt werden«, eine Meinung, die aber nicht zu halten ist, insofern man mit Bewußtwerden einen transitiven Vorgang im Auge hat, d. h. sich wissentlich auf etwas beziehen können. Meines Erachtens hat Freud 1938 (Abriß der Psychoanalyse, XVII, 126) sich zu dieser Auffassung bekannt, denn er schrieb: Bei unserem Bestreben, »hinter (...) unserer Wahrnehmung (der) direkt gegebenen Eigenschaften (Qualitäten) des Forschungsobjektes anderes aufzudecken, was von der besonderen Aufnahmefähigkeit unserer Sinnesorgane unabhängiger und dem vermuteten realen Sachverhalt besser angenähert ist (...) (den) wir nicht erreichen (...) können, (...) wir alles, was wir neu erschlossen haben, doch wieder in die Sprache unserer Wahrnehmungen übersetzen müssen (...)«. Hier spricht Freud eine Einsicht aus, die sich in den letzten Dezennien durchgesetzt hat, nämlich, daß unsere Sprache, unsere Grammatik unsere Theorie bestimmt. Dabei ist allerdings einzuräumen, daß ein ›neuer Einfall‹, eine neue Idee im diskursiv-sprachlich gelenkten Denken womöglich einen Paradigmawechsel generiert. Mit diesem Hinweis ist wieder etwas angesprochen, was die Sphäre des Nicht-Sinnlichen, das Intelligible betrifft, den Einfall, i.e. das Geschehen, das uns »verstehen«, erleben läßt.

3. Die zentrale Bedeutung, die der Traum für die Bildung der Phantasien besitzt, wurde wiederholt gestreift, bislang noch nicht ausreichend berücksichtigt. Jetzt sei erinnert, daß in »Der Wahn und die Träume in Jensens ›Gradiva‹« (VII, 85) Freud »die Traumbilder« als »physiologische Wahnschöpfungen des Menschen« interpretierte und (wie auch an anderen Stellen) die maßgebliche Bedeutung unserer »archaischen Erbschaft« (§ 6) unterstrich, deren »Inhalte« der Traum »zum Vorschein« zu bringen vermag. Auch hier wieder ein Hinweis auf die wichtige Rolle der externen Welt, ohne deren Wahrnehmung es keine innere geben könnte. Daß solche Erbschaft genetisch verankert ist, wird gegenwärtig wohl allgemein angenommen. »Halluzinatorische Träume« werden, was heute meist angenommen wird, während der »paradoxen Schlafphase« infolge Erregung bestimmter Hirnstammareale durch einen ›endogenen Generator‹ bei Hemmung anderer Areale, die für Wachbewußtsein und ›slow-

wave-Schlaf‹ verantwortlich sind, ausgelöst. Diese Mechanismen bewirken eine genetisch verankerte »iterative Programmierung« des Gehirns, so daß unterbewußte Reaktionen konstant bleiben und zugleich »unerwünschte Interaktionen (...) beseitigt« werden. Andererseits werden endogene Reizungen dem Gehirn zugeführt, die seine Funktion stimulieren (M. Jouvet 1992; Die Nachtseite des Bewußtseins, 1994). Man darf annehmen, daß auch durch solche Forschungen Mechanismen entdeckt wurden, die »Unzerstörbarkeit« beleuchten, von der Freud im Hinblick auf die »wirklich unbewußte, d. h. dem System Ubw. allein angehörigen seelischen Akte« überzeugt war (1900, 11/111, 558, 583, Anm.).[7]

27. Unsere letzten Überlegungen führen erneut zu dem Schluß, daß wir *die psychische Welt, die innere, private Welt* über die Wahrnehmung der externen Welt aufbauen. Die externe Realität gibt uns über die Sprache mittels der Grammatik den Leitfaden an die Hand, durch welchen wir zu diesem Unternehmen befähigt werden und der seine Ausführung begleitet und schließlich lenkt. Haben wir einmal eine solche Fähigkeit erworben, dann können wir Gefühle, Affekte, Empfindungen benennen, beschreiben, dann wird durch die »Ausbildung einer abstrakten Denksprache« ... »die Verknüpfung der (...) Wortvorstellungen mit inneren Vorgängen« erreicht, daß diese selbst wahrnehmungsfähig werden (Freud, 1913, IX, 181). Zudem – und dies ist ein entscheidendes Argument – sind wir nun in der Lage, »private Erlebnisse« überhaupt als reale Ereignisse zu erfassen und von ihnen Zeugnis zu geben, denn sie sind uns in »unmittelbarem (...) Sinne« zugänglich (s. zu dieser Problematik M. B. Hintikka und J. Hintikka, 1990, Kap. 10, »Private Erlebnisse«, 307ff., insbesondere 342, 345). Dabei ist insbesondere noch hervorzuheben, daß ›private Erlebnisse‹ wie Schmerzen, Unlust, Widerwillen, Haß usw. sich im »Rahmen« »spontanen Ausdrucksverhaltens« ereignen, das öffentlichen Charakter hat. Es ist »die Beziehung« zwischen diesen Korrelaten und den privaten Erlebnissen, die eine »physiognomische Sprache« und damit auch eine »psychologische Sprache« fundieren (l. c., 331).

28. Worin besteht nun der Unterschied zwischen innerer = psychischer und äußerer = materieller Realität, wenn – wie gezeigt – deren Genese jeweils auf

---

[7] Man darf annehmen, daß (J. und A. SANDLER, 1987, The past and the present unconscious, Int. J. Psychoanal., 68, 331–341) diese Strukturen wesentlicher Bestandteil der »Konstruktion« *past unconscious* sind.

die Wahrnehmung der letzteren zurückgeht? Wie ist es möglich, äußere Realität und Erdichtung zu trennen?

Freilich, wir verstehen auch die äußere Realität als das Produkt unserer Konstruktionen, aber wir sind doch davon überzeugt, daß ihnen ein Korrelat zugehört, daß Seiendes zur Grundlage hat, welches vom Seienden der inneren Welt verschieden ist. Und wenn wir sagen, die Erdichtungen, die Phantasien der inneren Welt dienen der Erhaltung bzw. Erleichterung des Lebens, sind in diesem Sinne durch die Leistungen der Abwehr bedingt, dann trifft das im Ansatz für beide Welten zu. Aber es trifft eben nur im Ansatz zu, denn im Umgang mit der externen Welt ist das Ziel die Erhaltung und Mehrung der materiellen Welt, dem Priorität gebühren muß, im Falle der inneren Welt, der psychologischen Welt, geht es vorab um die Erhaltung des ›psychischen‹ Lebens, geht es um die diese Dimension bedrohende Frustrationen und/oder Kränkungen. Hier werden alle die von der Psychoanalyse beschriebenen Abwehrmaßnahmen eingesetzt, Verdrängungen, Verleugnungen, Verwerfungen, Halluzinationen usw., aber auch Perversionen und grob asoziale Verhaltensformen, deren »innerer Krankheitsgewinn« ihnen Stabilität verleiht. Wir wissen, daß Abwehrmechanismen – wie Freud zeigte – das dynamisch Unbewußte, das – einmal gebildet – dem Bewußtsein nicht ohne weiteres zugänglich ist, erzeugen und dadurch dazu beitragen, daß die pathogenen inneren Strukturen und Dynamismen sich perpetuieren, daß sie womöglich infolge Sexualisierung ich-synton werden, wobei hinzugesetzt werden muß, daß in diesem Zusammenhang ein ›narzißtisches Ich‹ gemeint ist, dem ein unbewußter, höchst grausamer Über-Ich-Anteil und ein Über-Ich-Idol korrespondieren.

29. Zwar ist das dynamisch Unbewußte dem Bewußten nicht – nicht ohne weiteres – zugänglich, denn das Bewußte – zumindest das Wachbewußte – kann die dort niedergelegten Inhalte nicht mit seiner Existenz in Einklang bringen und verweigert ihnen die Qualität »bewußt«. Aber es gibt auch das Phänomen der »endopsychischen Wahrnehmung«,[8] d. h. »Strukturverhält-

---

[8] Wir kennen auch ›exopsychische‹ Wahrnehmungen, denn zwischen den unbewußten Systemen zweier Personen sind Übertragungen möglich, was Verliebte wissen und für Analytiker eine nicht seltene Erfahrung ist. Freud sprach deshalb vom »gebenden Unbewußten des Kranken« und vom »Unbewußten« des Arztes »als empfangendes Organ« (1912, VIII, 381). Man kann diese Phänomene auch vom Standpunkt einer ›Dualunion‹ etwa zwischen Mutter und Kind oder Patient

nisse der eigenen Psyche« werden »erkannt« (Freud, 1913, IX, 112, und Anm. 1), was zeigt, daß die gerade apostrophierte Verweigerung nicht total ist. Bereits in einem Brief an Fliess hatte Freud diesen Gedanken zum Ausdruck gebracht. Es heißt am 12.12.1897: es bilden sich »endopsychische Mythen«, die auf »die unklare innere Wahrnehmung des eigenen psychischen Apparates« zurückzuführen sind, »Denkillusionen«, die »nach außen projiziert werden«. 1901 (IV, 287) wird die Art der hier gültigen »Wahrnehmung« »endopsychisch« genannt, und schließlich am 22.8.1938 (XVII, 152) bezeichnet Freud die »Mystik« als die »dunkle Selbstwahrnehmung des Reiches (...) des Es«. Eine für unseren Zusammenhang besonders interessante Bemerkung macht Freud 1911 (Psychoanalytische Bemerkungen über einen autobiographisch beschriebenen Fall von Paranoia, VIII, 315). Es handelt sich darum, daß eine »auffällige Übereinstimmung festzustellen ist, die zwischen Schrebers Wahnvorstellungen und der psychoanalytischen Theorie« besteht, sind doch die »Gottestrahlen« des Patienten »nichts anderes als die dinglich dargestellten, nach außen projizierten Libidobesetzungen«. Der »Schriftsteller Schreber«, bemerkt hierzu F. A. Kittler (1987, 295), und »der Psychoanalytiker rücken in eine Nähe« und verweist darauf, daß »dieselben Träume, Wahnsysteme, Hysterien« bei Freuds Kranken wie bei den Autoren auftauchen, woraus folge, daß die Inhalte des Unbewußten bei beiden identisch seien. Kittler illustriert seine These noch mit Freuds Aufsatz »Der Wahn und die Träume in Jensens ›Gradiva‹« (1907, VII, 297).

29a. In einer bemerkenswerten, sorgfältig dokumentierten Untersuchung vertritt und begründet L. A. Sass (1994) die These, daß typische schizophrene Symptome als Manifestation eines krassen Solipsismus zu verstehen sind, eines Solipsismus wie ihn z.B. J.G. Fichte mit seiner Aussage: es gibt kein Bewußtsein der Dinge, sondern nur Bewußtsein von Dingen« (l.c., 145) vertreten hat oder wie ihn P. M. S. Hacker (1972, l.c., 153) charakterisierte: »Solipsism is the doctrine to which nothing exists save myself and mental states of myself.« Sass stützt sich in seinen Argumentationen und Erläuterungen der Schreberschen Denkwürdigkeiten ganz wesentlich auf Wittgensteins vielschichtige und gründliche Widerlegungen des Solipsismus, die auf dessen

---

und Analytiker dem Verständnis näherbringen, für die infolge wechselseitiger Identität eine »symmetrische Logik« (I. Matte-Blanco) gilt, so daß das Erleben des Einen auch das Erleben des Anderen sein kann (siehe dazu: W. LOCH, Sekundärprozess, i. Dr.).

sprachkritischen Untersuchungen und der Herausstellung der Lebensformen als Grundlage auch der psychomentalen Phänomene beruhen.

Der Schizophrene, Sass exemplifiziert fast ausschließlich seine Auffassungen an Schrebers Text, geht nun aber noch weiter als es die soeben notierten Zitate zum Ausdruck bringen, denn nicht selten, ja typischerweise nimmt er nicht mehr die Existenz eines Selbst an, sondern anerkennt als existent nur das an, was er direkt beobachtet, d. h. erlebt. Wittgenstein drückte dies in seinem Traktat (§ 5.64) so aus: »(...) daß der Solipsismus, streng durchgeführt, mit dem reinen Realismus zusammenfällt.« Das Ich des Solipsismus schrumpft zum ausdehnungslosen Punkt zusammen, und es bleibt die ihm koordinierte Realität. Ebenfalls aber gilt, daß der Solipsist annehmen muß (l. c., 70, 71), anderes Bewußtsein existiert; m. a. W. eine Außenperspektive ist vorauszusetzen, denn das Bewußtsein muß seine Erfahrungen irgendwie erfahren, was Reflexivität und also Spaltung inkludiert. Bei dem Senatspräsidenten Dr. Daniel Schreber ist dies Gegenüber ›Gott‹. Mit ihm ist er zuweilen identisch, ja ist ihm womöglich überlegen (l. c., 85). Auf jeden Fall ist Gottes Existenz an die seinige gebunden und vice versa (l. c., 63, 65). Wenn nun ein integraler, strikter Solipsismus dazu führt, daß – wie es ein von Sass zitierter Patient formulierte (l. c., 44) – als »merely mental or representational« erfahren, erlebt wird, resp. ›gefühlt‹ wird, dann resultiert eine Art von »Phantom-Konkretheit« (Sass verwendet diese Vokabel wiederholt) in bezug auf alle psychologischen Prozesse und Gedanken. Das aber ist eine spezielle Bezeichnung für das, was Freud ›endopsychische Wahrnehmungen‹ geheißen hat. Ihnen kommen, solange sie sich vollziehen, »Qualitäten von aktuellen physischen Objekten« zu, denen zugleich ein deutlicher »epistemologischer« Charakter eignet (l. c., 121 f.).

Schreber – Sass erwähnt es (l. c., 127) – wußte auch um den Zusammenhang, der zwischen seinen pathologischen Erlebnissen und dem Gefühl »Schmerz« bestand, schrieb er doch, daß er, um unerträglichen Schmerz zu verhindern oder auch im Widerstand gegen ›zwanghaftes Denken‹ (l. c., 125, 126), autoerotische Wollustgefühle erlebe. Mit dieser Einsicht bestätigt der so schwer gestörte Patient Dr. Schreber die psychoanalytisch bekannte und gut belegte Einsicht, daß psychische Schmerzen, Reaktion auf Objektverlust – auf Trennung von Gott bei Schreber – als Abwehrvorgänge psychopathologische Phänomene zur Produktion bringen, deren einzelne Ausformungen vom jeweiligen Stand der psychosexuellen Organisation abhängen. Im Fall des Dr. Schreber ging die Regression bis zum Stadium des psychophysischen Adualismus.

30. In einem Brief an Fliess am 6.12.1896 stellte Freud erstmalig Überlegungen an über die verschiedenen »Niederschriften« bzw. »Umschriften« bzw. »Umordnung(en) nach neuen Beziehungen«, denen unsere »äußeren wie inneren Wahrnehmungen« unterworfen werden:

1. eine Niederschrift nach »Gleichzeitigkeitsassoziationen«.[9] Sie findet keine bewußte Repräsentation.
2. eine Niederschrift nach »Kausalitätsbeziehungen« angeordnet, sie bleibt ebenfalls ohne Bewußtsein.
3. eine an »Wortvorstellungen gebundene« Niederschrift. Sie ist vbw. und entspricht »unserem offiziellen Ich«, dem »ein der Zeit nach nachträgliches (...) *sekundäre[s] Denkbewußtsein*« zugehört. Für jede »spätere Überschrift« gilt, daß sie die vorausliegende hemmt, i.e. sie wird abgewehrt, weil ihr Bewußtwerden eine »Unlustentbindung« erzeugt, die so wirkt, »als ob sie eine Denkstörung hervorriefen, die die Übersetzungsarbeit nicht gestattet«.

Der zweiten und dritten Umschrift hat Freud später eine je spezifische Grammatik zugeordnet: der zweiten den Primärprozeß bzw. Primärvorgang, und der dritten den Sekundärvorgang. Deren Charakteristika sind allgemein bekannt, so daß sie hier nicht wiederholt werden sollten. Bedeutungsvoll für unsere Überlegungen ist, daß I. Matte-Blanco zeigte, daß die Logik des Primärvorganges, die im Unbewußten bestimmend ist, symmetrisch und die des Sekundärvorganges asymmetrisch strukturiert ist. Ersterer ist eine Funktion der primären Dualunion, die keine definitive Subjekt/Objekt-Unterscheidung kennt. Dem zweiten, der im Bereich des bewußten Denkens dominiert, liegt eine Dreipersonen-Beziehung zugrunde, die den ›ausgeschlossenen Dritten‹ kennt. Ihr entspricht die Bi-Logik, welche dem Real-Ich zugehört, (s. dazu W. Loch, Stichwort: Sekundärvorgang, i.Dr.), dort herrschen muß, soll das Zusammenleben in einer Gruppe gelingen, das gebunden ist an eine »Übereinstimmung im Handeln« und »eine Übereinstimmung im Urteilen«

---

[9] »Gleichzeitigkeitsassoziationen« bedeutet, daß innere und äußere Wahrnehmungen ungeschieden sind, daß also zwischen einer Triebregung – bzw. dem ihr korrelierten Gefühl – und der sie aufhebenden Handlung der Bezugsperson keine Lücke bleibt. In aller Regel wird die Bezugsperson zudem ihre Aktion mit Worten begleiten. Damit aber ist eine Einheit zwischen Innen u. Außen gestiftet, d.h. eine konkrete Wirklichkeit hergestellt. Transponiert man diesen Vorgang in die Ebene der Denkhandlungen sind so »knower« und »knowledge« identisch (W.J. ONG, 1977, Interfaces of the word, Ithaca/London, 18).

(L. Wittgenstein, Schrift 6, 1974, 342, 343), aber auch Nicht-Übereinstimmung erfordert, um entwicklungsfähig sein zu können.

31. Da sich im Laufe einer aufsteigenden Entwicklung die ›Sprachspiele‹ in dem Maße vermischen, wie die den einzelnen Entwicklungsschritten korrelierten Objektbeziehungen, kommt es zu Überlagerungen und Verwerfungen der ›Logik-Systeme‹ (im Sinne von I. Matte-Blanco verstanden), oder wir können auch sagen, der Grammatik. Hierbei haben dann vorab im Sprachbereich und im »Denken«, dem ›inneren Probehandeln‹ nach Freud, Abwehrmechanismen eine schlechthin entscheidende Funktion. Sie sind verantwortlich für die verschiedensten Entstellungen inhaltlicher Art, aber auch für Fehlhandlungen, womit jetzt nicht nur ›Versprecher‹ gemeint sind.

Bezüglich dieser Vorgänge ist eines Zusammenhanges zu gedenken, der die individuellen Verhältnisse transzendiert: Da nämlich die gesamtgesellschaftliche Struktur und Verfassung ihrerseits je spezielle zeitgeschichtlich bedingte Codes hervorbringen, die den Umgang der Menschen untereinander insbesondere im sog. Intimraum im starken Ausmaß beeinflussen, ja weitgehend steuern, ohne daß denen, die an solchen Lebensformen und/oder Sprachspielen teilnehmen, dieser Einfluß klar ist, entsteht neben dem bewußten Text der Reden ein unbewußter Text, der nicht auf Verdrängung, sondern auf Verleugnung beruht[10] und diesem Code gerecht wird. Z. B. wenn der Code, der um die Zentralperspektive »Sippe« wie im europäischen Mittelalter sich strukturiert hat (ich stütze mich hier auf F. A. Kittler, 1981, 9 ff.), dominant ist, dann ergibt sich ein anderes Sprachspiel, als wenn der Code Familie, was seit dem 18. Jahrhundert der Fall sein dürfte, vorherrscht. Es dürfte einleuchten, daß Personen, die in bezug auf eine derartige Thematik früher Sozialisationsbedingungen Fixierungen aufweisen, den entsprechenden Code benutzen werden, d. h. die ihm zugehörigen Phantasien ausbilden und sie zudem jeweils aufgrund individueller ›zufälliger‹ Faktoren weiter ausbauen. In psychoanalytischer Sicht geht es in den frühen Sozialisationsschritten vorab um die Bewältigung narzißtischer Ich-Selbst-Konflikte und/oder um klassische ödipale Probleme. In beiden Bereichen spielen Primärvorgänge eine bedeutende Rolle (P. Noy 1969, 155–178; 1985, 125–158). Rycroft (1962) hat insbesondere den Gedanken vertreten, daß unter diesen Umständen es dann

---

[10] Siehe zur Differenzierung von Verdrängung, Negation, Verleugnung und Verwerfung A. GREEN, 1994, Perception and disavowal: from senses to thought processes, M. S.

zu ›autistischen‹ resp. ›narzißtischen‹ Funktionen dienenden Phantasien kommt – er nannte sie ›Phantome‹ – wenn keine direkten, ›realen‹ Erfahrungen zugrunde gelegt werden, d. h., wenn das Real-Objekt aufgegeben worden war. Bei Phantasien im engeren Sinne ist letzteres nicht der Fall. Die diesem Zustand korrelierten Phantasien werden von ihm als ›Imagines‹ bezeichnet (siehe zu dieser Thematik ferner: W. Loch, 1989, 454–469).

32. Wie schon erwähnt, vertritt F. A. Kittler die Auffassung und exemplifiziert sie im besonderen am Fall Schreber, über den Freuds berühmte Arbeit handelt, daß »Halluzinationen Tatsachen« sind und »vom Diskurs des anderen effektuiert« werden. (Aufschreibesysteme, l. c., 303). Die von Schreber verfaßten »Denkwürdigkeiten« werden als »Aufschreibesystem« gelesen, das »dem einzigen Zweck dient, die dunkle Wirklichkeit eines anderen und feindlichen (Aufschreibesystems, W. L.) zu beweisen« (l. c.). Für Freuds »Entwurf einer Psychologie« (1895) und Schrebers »Denkwürdigkeiten eines Nervenkranken« (1903; Neudruck 1973, Hg. S. M. Weber) wird festgestellt, daß beide Produktionen »Fortschreibungen ein und desselben Diskurses« sind (l. c., 302). Ob man diesen Lesearten folgt oder mit Freud annimmt, daß homoerotische Tendenzen und der Verlust einer stabilen Realitätsprüfung für den Inhalt und die Struktur der Schreberschen Elaborationen in dynamischer Hinsicht ausschlaggebend sind: richtig ist in jedem Fall die Annahme, daß je spezifische Interpretationssysteme für die verschiedenen geschichtlichen Epochen unserer Geschichte typisch sind und daß unser Sinnen und Trachten von ihnen determiniert wird. Das kann schon deshalb nicht anders sein, weil unsere gesamte Verständigung mit- und untereinander auf der Anerkennung, auf der Übereinstimmung in einem Code – oder sagen wir einem »Sprachspiel« – und also einer Lebensform beruht. Und natürlich gäbe es zwischen Analysand und Analytiker keinerlei sinnvollen Gedankenaustausch ohne eine Sprachregelung, die ihnen gemeinsam ist. Es wurde schon (§ 24) darauf hingewiesen, »erst mit der Ausbildung einer abstrakten Denksprache« konnten die »inneren Vorgänge(n) wahrnehmungsfähig« – und sprachlich mitteilungsfähig – werden, und zwar »durch (ihre) (...)Verknüpfung (mit den) sinnlichen Reste(n) der Wortvorstellungen« (S. Freud, 1912/13, IX, 81), die ihrerseits im Sprechenlernen eingeübt werden (vgl. auch L. S. Wygotski 1934, 102, 317, 321, 341; s. ferner: G. Jappe 1971).

33. Freilich müssen wir vom heutigen Standpunkt hinzufügen, daß die heriditären, archaischen, leibgebundenen (§ 23) Interpretationen der begegnen-

den Welt, denen wir eine weitgehende Selbständigkeit gegenüber historischen Einflüssen zuerkennen, für die Konstruktion der inneren Welt von geringerer Bedeutung sind als diejenigen Deutungsschemata, die von der psychoanalytischen Theorie über das Funktionieren des seelischen Apparates entworfen wurden und die zweifellos von zeitgeschichtlichen Tendenzen abhängen. Insoweit wäre F. A. Kittlers – unter Berücksichtigung der eminenten Rolle von Übertragung und Gegenübertragung – Formulierung:»Freud empfängt, was Schreber sendet; Schreber sendet, was Freud empfängt« korrekt (l.c., 299). Hinzuzufügen ist allerdings, daß diese Dynamik zum Teil auf einer psychischen Dualunion zwischen Freud und Schreber beruht (und auf die ›probeweise‹ einzugehen jeder psychoanalytische Therapeut sich nicht scheuen darf), so daß – zumindest partiell – dies Geschehen von einer symmetrischen Logik beherrscht wird, sich durch sie erklärt, so daß ›exotypische Wahrnehmungsvorgänge‹ vorgetäuscht sind (siehe Anmerkung zu § 26).

34. In § 30 und 31 wurde Bezug genommen auf psychotische Dynamismen und Strukturen, bei denen die Abwehrmechanismen Spaltung, Verleugnung – d. h. eine Sinneswahrnehmung wird verleugnet, was einer »negativen Halluzination« (Breuer, Freud 1895, Studien über Hysterie; S. Freud 1907, VII, 941) gleichkommt – und Verwerfung – worunter A. Green (1994, l.c.) die »resection of an impulse« versteht – das Bild bestimmen. Bei neurotischen Affektionen sind demgegenüber Verdrängungen dominant. Aber auch hier sind Deutungen, insbesondere solche, die die pathogenen, unbewußten Phantasien betreffen, Konstruktionen.

Sie sind zu lesen »als die *Veränderungen an uns,* deren Ursache er (der Analysand, W. L.) ist« (F. Nietzsche 1887, § 118). Sie sind Versuche des Analytikers, den Analysanden »ins eigene Weltbild« einzuholen (U. Simon 1987, 79–90, 82). Wenn nun der Patient solchen Konstruktionen, die sich auf die »vergessene Vorgeschichte« und die gegenwärtige Analysand-Analytiker-Relation beziehen, zustimmt oder sie durch weiteres ›Material‹ bestätigt, was um so leichter der Fall ist, »je genauer sich die Konstruktion mit den Einzelheiten des (vom Analysanden) Vergessenen deckt«, denn »desto leichter wird ihm die Zustimmung« (Freud 1937, XVI), dürfen wir darin nicht einen Beweis für ihre ›historische Genauigkeit‹ erblicken, die stets nur in Grenzen zu erreichen ist, nur hypothetisch gilt. Das trifft auch für Deutungen im engeren Sinne zu, worunter Freud (l.c., 47) das versteht, »was man mit einem einzelnen Element des Materials, einem Einfall, einer Fehlleistung und dergleichen vornimmt« (l.c., 47), insofern zu einem Ereignis, zu einem Einfall ein Kommentar gegeben wird, wird schon konstruiert, ja bei genauem Hinsehen werden wir einzuräumen haben, daß jedes Wort, jede Bezeichnung, Deutung, Konstruktion ist. Dies heißt aber nicht, daß ein einzelnes Ereignis (an sich akzidenteller Natur) nicht essentielle Bedeutung für den Fortgang der Analyse besitzt. Daß Konstruktion und wiedergewonnene Erinnerung im Hinblick auf ihre therapeutische Relevanz nicht zu differenzieren sind, sagte Freud selbst: »(...)durch korrekte Ausführung der Analyse (...) erreicht man (...) eine sichere Überzeugung von der Wahrheit der Konstruktion, die therapeutisch dasselbe leistet wie eine wiedergewonnene Erinnerung« (l.c., 53). Freud stellt damit ganz ausdrücklich fest, »eine sichere Überzeugung von der Wahrheit« einer Deutung ist nicht an die Gewinnung einer *absolut* gültigen Aussage gebunden, es kann sie bekanntlich gar nicht geben. Überzeugung, »Sicherheit«, »Gewißheit« ist eine Funktion zweier Verhältnisse ›psycho-sozialer‹ Natur:

1. »Sicherheit«, so L. Wittgenstein, ist »(...) (eine) Lebensform«, »gleichsam (...) etwas Animalisches«;
2. gilt: »(...) Die vollkommene Sicherheit bezieht sich (...) auf seine (eines Menschen, W.L.) Einstellung« (1970, Über Gewißheit, §§ 358, 359, 404), wobei wir Einstellung als Perspektive, Sinn, Vertex (W.R. Bion) verstehen, wie sie in der Grammatik niedergelegt sind.

35. Werden psychoanalytische Interpretationen, Deutungen, so wie ganz allgemein Interpretationen überhaupt begriffen, dann gilt die Aussage: »Wir kommen aus dem Gefängnis unserer Interpretationen nicht heraus – in die Realität« (H. Lenk 1992, 49–54, 59). Dies ist so, denn wir haben keinen »archimedischen Punkt«, keinen festen Bezugsort, von dem hier wir die Dinge, die Welt, objektiv erfassen können und alle »Letzt-Begründungsversuche« sind zum Scheitern verurteilt (H. Albert 1980).

Diese Erkenntnis schließt aber nicht aus, daß »wir aus lebens- und überlebenspraktischen Gründen (...) für uns und andere als Interpretationsträger (...) *die Realität der Welt unterstellen*« müssen (l.c. 53, Hervorg. W.L.). Zudem sind die ›leibgebundenen‹ Primär- und Ur-Interpretationen bislang (d.h. ohne Genommanipulationen) praktisch nicht beeinflußbar.

36. Im Lichte der vorstehenden Interpretation der psychoanalytischen Interpretation dürfen wir W.I. Grossman (1982, 919–937, 922) beipflichten: »Freud constructed a psychoanalytic theory of the mind, the analyst con-

structs the mind of his patient, and the patient constructs his own experience in speaking about himself«. Und im Hinblick auf unsere Ausführungen über die Priorität der externen Realität werden wir auch die folgende Behauptung Grossmans unterschreiben: »The mind exploring inner reality is like the mind exploring external realty« (W. I. Grossman 1992, 27–62, 47).[11]

Stimmen wir diesen Thesen zu, dann folgt, falls es zu ihrer Übereinstimmung kommt – und die Chance besteht –, daß der Analysand auf ihrer Basis »ein erfolgreiches Handeln aufbauen« kann (Freud, 1913, X, 265), und daß er über die »Einheit des Inneren und Äußeren (...) die absolute Wirklichkeit« erreicht (Hegel 1931, S. W. Bd. 4).

37. Wenn der Analytiker im Dialog mit dem Analysanden dessen ›innere Welt‹ konstruiert, dann entsteht eine psychische Realität. Sie kann angenommen oder verworfen werden. Es ist eine psychische und keine materielle Realität, sie wird ›angeschaut‹ und nicht angefaßt[12] werden, und zwar angeschaut im ›Medium‹ der Zeit, ist es doch die »Zeit«, die »das Verhältnis der Vorstellungen in unserem inneren Zustande (...) bestimmt«. Sie, die Zeit, so Kant, »ist die formale Bedingung a priori aller Erscheinungen überhaupt«. Und: »Sie ist (...) nicht als Objekt, sondern als die Vorstellungsart meiner selbst als Objekt anzusehen« (KV B 49,50,51). Aus solchen Einsichten folgt: seelische wie materielle Realität haben als formale Bedingung bezüglich ihrer Vorstellungsart die Zeit, aber nur für die letztere ist der Raum eine unabdingbare formale Bedingung. Die materielle Welt ist räumlich und zeitlich verfaßt, die seelische nur zeitlich. Es ist eine Konsequenz dieser Verhältnisse, daß die Unterscheidung von »außen«, und »innen« nach der Beziehung zu einer Muskelaktion« erfolgen kann (S. Freud 1916, X, 423), vermag ich doch z. B. die Wahrnehmung eines externen Objektes aufzuheben, indem ich meinen Kopf drehe. Diese Unterscheidungsmöglichkeit wird in psychotischen Zuständen unter Umständen benützt, um sich von unerträglichen, weil die psychische

---

[11] Siehe zu dieser Auffassung: H. BRODBECK, 1992: Der Psychoanalytiker als Teilnehmer und Beobachter – Gedanken zur Gegenübertragung aus konstruktivistischer Sicht, PsA. Info, 39, 15–39.

[12] H. REICHENBACH (1951, Der Aufstieg der wissenschaftlichen Philosophie, Berlin) nennt die so erschlossenen inneren Zustände, die »geträumten Erlebnisse« bzw. »subjektiven Dinge« »lllata« und unterstreicht, daß wir einen körperlichen Zustand charakterisieren, indem wir die Art des Stimulus beschreiben, der diesen Zustand hervorbringen würde.« (295, 296). (Ich verdanke diesen Hinweis F.-W. Eickhoff).

Existenz im Kern bedrohenden Gefühlszuständen dadurch zu distanzieren, daß ihnen Objektcharakter verliehen wird. Dadurch sind sie externalisiert und die Gefahr des psychischen Todes durch präsente externe Realität gebannt, ohne daß allerdings die psychische Leere verschwindet.

Man beachte ferner, wir sprechen zunächst von der ›Vorstellungsart‹ des Seelischen und des Materiellen, des Inneren und des Äußeren und nicht von ihrer Existenz resp. Wirklichkeit. Sie kommt dem einen wie dem anderen Bereich zu, denn es werden hier und dort die je zugehörigen »Gegenstände«, die seelischen und/oder körperlichen Phänomene mittels Affektion durch die Sinne, durch Wahrnehmungen erkannt, was (wie wir sahen) von Freud betont worden war. Freud hatte auch erkannt, daß die Garantie für die Existenz eines vorgestellten Objektes darin besteht, daß es »draußen wieder zu finden« ist (1925, XIV, 14). Wir schlagen für die Formulierung dieser Verhältnisse folgendes vor: Die seelischen, die inneren subjektiven und die materiellen, objektiven externen Gegenstände und Ereignisse werden über sinnliche Wahrnehmungen und nicht-sinnliche Ideen, welche letzte Perspektiven im Rahmen von Lebensformen sind, konstruiert.

Zusammenfassung und Schlußfolgerungen

1. Die Einteilung der uns begegnenden Phänomene erfolgt nach pragmatischen Gesichtspunkten. Das heißt, das Leben konfrontiert uns mit Fragen und Unsicherheiten, die Lösungen verlangen. Wir wählen jeweils die Lösung, die uns jeweils als die beste imponiert.

2. Auf diese Weise entstehen die Polaritäten Leib – Seele, Subjekt – Objekt, materiell – abstrakt, innere, psychische Realität – äußere, konkrete Realität usw.

3. Die Differenzierung äußere – innere Realität ist zu verknüpfen
    a) mit Freuds Feststellung, daß äußere Realität durch Muskelaktion zum Verschwinden gebracht werden kann, was für die innere Realität nicht zutrifft;
    b) mit der Rolle, die unseren Formen der Anschauung zukommt: externe Objekte können mit räumlichen und zeitlichen Indices verknüpft werden, psychische nur mit zeitlichen (Kant).
    c) Aus der Akzeptanz dieser Auffassung ergibt sich eine wichtige Konsequenz: Wenn nämlich unbewußte Phänomene zeitlos sind (Freud),

dann besitzen sie keine psychische Natur. Sie haben vielmehr den Charakter externer, lokalisierbarer Phänomene. Für die psychoanalytische Therapie folgt, daß sie dann erfolgreich, mutativ werden kann, wenn es gelingt, daß Deutungen als konkrete, externe Wirklichkeit erfahren werden. Freud hatte (1900, II, III, Anm. 558) unterstrichen, daß die Psychotherapie der Neurosen darauf beruht, daß »die vom vbw. System abhängigen Vorgänge (...) zerstörbar« sind und damit festgestellt, das Ubw. sensu strictori ist nicht beeinflußbar. Es ist allerdings möglich, daß Deutungen, Konstruktionen, wenn sie konkret erlebt werden, eine neue Basis für das Handeln und Denken des Analysanden legen, so wie die Gleichzeitigkeit von Erleben – Handeln- Sprechen in der Kind-Mutterdyade grundlegende psychosoziale, mentale und sprachliche Grundmuster zur Entstehung bringt (s. Anm. zu § 30).

d) Die Unterscheidung zwischen dem ›logischen‹ (prädikativen) und dem ›ontischen‹ (existenzsetzenden) Gebrauch des Seins (Kant) wird erläutert, und die Rolle der Wahrnehmung für das Urteil »X existiert« unterstrichen. Zugleich wird die fundamentale Bedeutung des Verstehens, der Ideen, der noësis, »ein unmittelbar geistiges Erfassen« (Kl. Oehler, z. B. 42, 88), das »nicht diskursive Struktur hat«, festgehalten (l.c., 42), wobei inkludiert ist, daß der Weg von der Idee zur diskursivlogischen Zergliederung und umgekehrt verlaufen kann (l.c. 88, 114).

4. Die Phantasien in ihrem *Ansatz* sind im Sinne Freuds endopsychische Wahrnehmungen. Sie betreffen insbesondere auch die »tiefsten Schichten des seelischen Apparates« (Freud, 1923, XIII, 249). Wir fassen sie als Konstruktionen auf, die ihrerseits in Abhängigkeit von gesamtgesellschaftlich bedingten Ideologien und insbesondere der Grammatik. (F. Nietzsche 1885, Jenseits von Gut und Böse, KSA Bd. 5, § 20 spricht von »der unbewußten Herrschaft und Führung durch gleiche grammatische Funktionen«, und L. Wittgenstein sieht »grammatische Regeln« als konstitutiv für die Beziehung zwischen Sprache und Wirklichkeit an; s. dazu M. G. Hintikka u. J. Hintikka, l.c. S. 28f., 247, 275f. ›gebildet werden‹). Die Konstruktionen beziehen sich auf diachrone wie auch auf synchrone Dimensionen. Jene gehören zur phylogenetischen, archaischen Erbschaft, diese zur Ontogenese der Person. Beide Bereiche sind zuweilen getrennt, in der Regel interagieren sie. Die psychoanalytischen Anstrengungen zielen darauf ab, die aufgrund dieser Zusammenhänge erwachsenden Symptome und Konflikte mittels ihrer Deutungstechnik herauszuarbeiten, um Mög-

lichkeiten zu ihrer Überwindung zu eröffnen. Im Deutungsprozeß konstruieren die Partner des psychoanalytischen Dialoges im Rahmen einer Übertragungs-Gegenübertragungs-Dynamik, die wir als »zwei Aspekte eines einheitlichen Phänomens« (H. B. Levine, 1994, 665–674, 668) begreifen, ihre psychische Realität im »Hier und Jetzt« in der Hoffnung, daß dadurch eine bessere Grundlage für die innere Befindlichkeit und für zukünftiges Handeln erreicht wird.

5. Nach Auffassung des Verfassers sind Konstruktionen, Interpretationen diejenigen Geschehnisse, mit deren Hilfe wir die Welt und uns selbst auslegen, erklären und verstehbar machen, d. h. sie *sind*, solange sie gelten, die innere wie die äußere Welt, und solange gelten sie »unbedingt« – unbedingt, weil jetzt und hier ihre Verneinung einer »Verneinung des Lebens« gleichkäme, das gerade in ihrer Geltung seine uns verbindende Basis hat (F. Nietzsche, 1885, KSA, 11, 35 [37]). Diese Betrachtungsweise hat sich aus der Historisierung der Metaphysik ergeben. Sie inkludiert auch die Einsicht, daß Sinnesempfindungen und Wahrnehmungen aufgrund einer holistischen Basis bewußtseinsfähig werden, d. h. in einer Lebensform verankert sind. Letztere durchläuft ihrerseits Entwicklungen, unterliegt also der Zeit und hat demnach begrenzte Gültigkeit.

An der Gewinnung solcher Erkenntnisse hat Freud einen bedeutenden Anteil; es wurde mehrfach darauf hingewiesen. Er steht damit in der Tradition derjenigen Denker und Forscher, die eine unversöhnliche Zweiteilung der Welt in Geist und Materie zu überwinden halfen, ohne allerdings zu bestreiten, daß Verstehen, daß unmittelbares Erfassen (siehe oben Punkt 5) kein kontingenter Akt ist.

6. Sollte es mittels der Transformation unbewußter Dynamik in bewußtes Erleben gelingen, die innere Welt mit der äußeren Welt und vice versa in (zumindest in ausreichender Weise) in Übereinstimmung zu bringen – d. h.: »die Gegnerschaft zwischen Ich und Es« (S. Freud, 1926e, XIV, 229) in wesentlichen Bereichen zu reduzieren, was dem Erleben einer nicht gespaltenen und also ›jetzt‹ nicht hinterfragbaren Realität gleichkommt – dann gibt es eine Basis für die Gewinnung einer veränderten Erfahrung der gemeinsamen Wirklichkeit. Ein Denken und Handeln könnte möglich werden, das erlaubt, daß der Eine dem Anderen das Seinige gönnt, Grundlage für ein verträgliches Leben der Menschen untereinander. Freilich, es handelt sich hier um eine Idealfiktion, deren volle Realisation an der Unzerstörbarkeit des »im System Unbewußt« bzw. im »Es« (S. Freud,

1900, II/III, 558, 583; 1930, XIV, 503; 1926e, XIV, 222; S. Freud, 20.7.1938, XVII, 151) niedergelegten archaischen Erbes und an der Unmöglichkeit, zukünftige akzidentelle Faktoren vorauszusehen, immer wieder scheitern wird. Doch der wäre töricht zu nennen, der ›foci imaginarii« nicht im Auge behielte, und zwar gerade auch dann, wenn er zu wissen glaubt, daß kein Einzelner sie je wird erreichen können.

Summary and Conclusions

1. The classification of the phenomena we encounter follows according to pragmatic aspects, that is to say life confronts us with questions and uncertainties which demand solutions. We always choose the solution that impresses us best at the time.

2. In this way arise the polarities body – soul, subject – object, material – abstract, internal, psychic reality – external, concrete reality etc.

3. The differentiation of external – internal reality is to be linked
   a) with Freud's finding that external reality can be made to disappear by muscle action, which does not apply to internal reality;
   b) with the role attached to our ways of thinking: external objects can be connected with special and temporal indices, psychic ones only with temporal ones (Kant).
   c) from the acceptance of this view follows an important conclusion: namely, if unconscious phenomena are »timeless« (Freud), then they do not possess any psychic nature. They have more the character of external, localizable phenomena. For psychoanalytical therapy this means, that it can be successful, mutative, if interpretations can be experienced as concrete external reality. Freud (1900, SE V, 553, comment) had underlined that the psychotherapy of the neuroses is based upon that »the processes which are dependent on the preconscious system are destructable in quite another sense« and thus established that the unconscious sensu strictori cannot be influenced. It is possible, however, that interpretations, constructions, when experienced concretely, provide a new basis for the acting – speaking in the childmother-dyad –, bring about fundamental psycho-social, mental and linguistic basic patterns (see section 30).

d) The distinction between the ›logical‹ (predicative) and the ›ontic‹ (existence defining – existenzsetzend) use of being (Kant) is elucidated, and the role of perception for the judgement »X exists« underlined. At the same time the fundamental meaning of understanding, of ideas, of noësis, an »immediate mental comprehension« (Kl. Oehler, 1962, 42, 88), which has »no discursive structure«, is kept, and includes that the way can go from the idea to discursive-logical dissection and vice versa. (l.c., 88, 114).

4. Phantasies at their beginning are in Freud's sense »endopsychic perception«. They concern particularly »deepest strata of the mental apparatus« (Freud, 1923, SE XIX, 21, 22). We view them as constructions which for their part »are formed« in dependance on ideologies determined by the whole of society and particularly grammar (Nietzsche speaks of the »unconscious dominance and direction by equal grammatical functions«, and L. Wittgenstein sees »grammatical rules« as constitutive for the relationship between language and reality). The constructions refer to diachrone and synchrone dimensions. The former belong to the phylogenetic archaic inheritance, the latter to the ontogenesis of the person. Both areas are at times separated, as a rule they interact. Psychoanalytic efforts aim at elaborating the symptoms and conflicts arising from these contexts by means of the interpretive technique in order to open up ways of overcoming them. In the interpretation process the partners in the psychoanalytic dialogue construct within the frame of transference-countertransference dynamics, which we understand as »two aspects of a single phenomenon« (H.B. Levine, 1994), their psychic reality in the »here and now« in the hope that in this way a better foundation for the inner state of being and for future acting will be achieved.

5. In the author's opinion constructions, interpretations are the happenings with whose help we construe, explain and make understandable the world and ourselves, i.e. they are as long as they are valid, the internal and the external world, and for this time they are valid »unconditionally« – unconditionally because here and now their negation would be equal to a »negation of life«, which in its validity has the basis that unites us (F. Nietzsche, 1885, KSA, 11, 35 [37]). This way of looking at things is a product of the historization of metaphysics. It also includes the insight that sensations and perceptions on account of a holistic basis become capable of consciousness, i.e. are anchored in a form of life. The latter passes for

its part through developments, and is subject to time and therefore has only limited validity.

Freud played a significant role in the gaining of such insights; this has been printed out many times. Thus he stands in the tradition of those thinkers and researchers who have helped to overcome an irreconcilable dichotomy of the world in mind and matter, without denying, however, that understanding, that immediate comprehension (see point 5) is not a contingent act.

6. If there is success by means of the transformation of unconscious dynamics into conscious experience to reconcile the internal with the external world and vice versa (in an at least adequate way) – i.e. to reduce »the natural opposition between ego and id« (S. Freud 1926, SE XX, 201) in essential areas, which is equal to the experiencing of a non split and therefore ›now‹ not questionable reality – then there will be a basis for the winning of a changed experience of shared reality. A thinking and acting might be possible which allow the one to grant the other his own, the basis for a tolerable life of human beings together. Naturally it is an ideal fiction whose full realisation will fail again and again at the indestructibility of the archaic legacy deposited in the »system unconscious«, or in the »id« (Freud, 1900, SE V, 552, 577; 1930 SE XX, 142; 1926 SE XX, 195; 1938 SE XXIII, 299) and at the impossibility of forecasting future accidental factors. But he would be a fool who does not keep an eye on ›foci imaginarii‹ and especially if he thinks that no individual will ever be able to reach them.

Literatur

ABEL, A. (1984): Nietzsche, die Dynamik, der Wille zur Macht und die ewige Wiederkehr. Berlin/New York.
ABEL, G. (1992): Zeichen und Interpretation. In: T. BORSCHE und W. STEGMAIER (Hrsg.): Zur Philosophie des Zeichens. Berlin/New York.
AHUMADA, J. (1994): Interpretation and Creationism. *Int. J. Psycho-Anal. 75.*
BION, W. R. (1962): Learning from experience. London.
- (1963): Elements of psychoanalysis. London.
- (1970): Attention and Interpretation. London/Sidney/Toronto.
BREUER, J. und S. FREUD (1895d): Studien über Hysterie. Wien.
BRODBECK, H. (1992): Der Psychoanalytiker als Teilnehmer und Beobachter – Gedanken zur Gegenübertragung aus konstruktivistischer Sicht. PsA. Info 39.
COURTINE, J. F. (1992): Realität/Idealität. In: Histor. Wörterbuch der Philosophie, Basel, J. Ritter und K. Gründer, Bd. 8.
DAVIDSON, D. (1985): On the very idea of a conceptual schema. In: Truth and interpretation. Oxford.
- (1993): Der Mythos des Subjektiven. Stuttgart.
EISLER, R. (1930): Kant-Lexikon, Stichwort Noumenon. G. Olms-Verlag 1984.
FECHNER, G. TH. (1900): Elemente der Psychophysik.
FREUD, S. (1895): Entwurf einer Psychologie. In: Aus den Anfängen der Psychoanalyse. London 1950.
- (1900a): Die Traumdeutung GW II/III.
- (1901a): Über den Traum GW II/III.
- (1901b): Zur Psychopathologie des Alltagslebens GW IV.
- (1907a [1906]: Der Wahn und die Träume in W. Jensens ›Gradiva‹ GW VII.
- (1911b): Formulierungen über die zwei Prinzipien des psychischen Geschehens GW VIII.
- (1911c [1910]): Psychoanalytische Bemerkungen über einen autobiographisch beschriebenen Fall von Paranoica GW VIII.
- (1912e): Ratschläge für den Arzt bei der psychoanalytischen Behandlung GW VIII.
- (1912–1913): Totem und Tabu GW IX.
- (1915b): Zeitgemäßes über Krieg und Tod. GW X.
- (1916–1917): Vorlesungen zur Einführung in die Psychoanalyse. GW XI.
- (1917d [1915]): Metapsychologische Ergänzung zur Traumlehre. GW X.
- (1918b [1914]): Aus der Geschichte einer infantilen Neurose. GW XII.
- (1919a [1918]): Wege der psychoanalytischen Therapie. GW XII.
- (1920g): Jenseits des Lustprinzips. GW XIII.
- (1923b): Das Ich und das Es. GW XIII.
- (1923a [1922]: Psychoanalyse und Libidotheorie. GW XIII.

- (1925h): Die Verneinung. GW XIV.
- (1926e): Die Frage der Laienanalyse. GW XIV.
- (1930a [1929]): Das Unbehagen in der Kultur. GW XIV.
- (1933b [1932]): Warum Krieg? GW XVI.
- (1933a [1932]): Neue Folge der Vorlesungen zur Einführung in die Psychoanalyse. GW XV.
- (1937d): Konstruktionen in der Analyse. GW XVI.
- (1940a [1938]): Abriß der Psychoanalyse. GW XVII.
- (1985c [1887–1904]): Briefe an Wilhelm Fließ 1887–1904, hrsg. von JEFFREY MOUSAIEFF MASSON. BEARBEITUNG DER DEUTSCHEN FASSUNG VON MICHAEL SCHRÖTER, Transkription von Gerhard Fichtner. Frankfurt/M. 1986.

GADDINI, E. (1992): A psychoanalytic theory of infantile experience. London, New York.

GREEN, A. (1994): Perception and disavowal: from senses to thought processes. Manuskript.

GROSSMAN, W. I. (1982): The self as fantasy. Fantasy as Theory. *J. Am. Psychoanal. Ass. 30*, 919–937.

- (1992): Hierarchis, boundaries and represension in a Freudian model of organization. *J. Am. Psychoanal. Ass.* 40, 27–62.

HACKER, P. M. S. (1972): Insight and Illusion. Oxford.

HEGEL, G. W. F. (1812): Wissenschaft der Logik. S. W. Bd. 4.

HEIDEGGER, M. (1963): Kants These über das Sein. Frankfurt/M.

HINTIKKA, M. B. und HINTIKKA, J. (1990): Untersuchungen zu Wittgenstein. Frankfurt/M.

JAPPE, G. (1971): Über Wort und Sprache in der Psychoanalyse. Frankfurt/M.

JOUVET, M. (1992): Die Nachtseite des Bewußtseins. Reinbek 1994.

KANT, I. (1781, 1787): Kritik der reinen Vernunft.

- (1770): De mundi sensibiliis.

KITTLER, F. A. (1981): Dichter, Mutter, Kind. München.

- (1987): Aufschreibesysteme. München.
- (1994): Spiele des Wahren und Falschen. FAZ 24. Januar 1994.

KÜNNE, W. (1983): Abstrakte Gegenstände, Semantik und Ontologie. Frankfurt/M.

LENK, H. (1992): Interpretation und Interpret. *Allg. Z. Philos. 17.1.*

LEVINE, H. B. (1994): The analyst's participation in the analytic process. I. J. P. 75, 665–674, 668.

LOCH, W. (1989): Realität, Einbildungskraft/Phantasie, Kreativität. *Ztschr. Wege zum Menschen 41.*

- (i. Dr.): Stichwort: Sekundärvorgang. Historisches Wörterbuch der Philosophie, Bd. 9. Basel-Stuttgart. (im Druck)

MATTE-BLANCO, I. (1975): The unconscious infinite sets. London.

NIETZSCHE, F. (1885): Jenseits von Gut und Böse. KSA Bd. 5.

- (1886): Die Fröhliche Wissenschaft. KSA Bd. 3.
- (1887): Morgenröte. KSA.

Noy, P. (1969): A Revision of the Psychoanalytic Theory of the Primary Process. *Int. J. Psycho-Anal.* 50, 155–178.
- (1985): Symbolism and mental representation. *J. Am. Psychoanal, Assn.* 33, 125–158.

Ong, W. J. (1977): Interfaces of the Word. Ithaca-London.

Pape, H. (1989): Erfahrung und Wirklichkeit des Zeichenprozesses. Frankfurt/M.

Piaget, J. (1968): Der Strukturalismus. Olten/Freiburg.

Reichenbach, H. (1951): Der Aufstieg der wissenschaftlichen Philosophie. Berlin.

Rohde, E. (1961): Seelenkult und Unsterblichkeit. *Psyche.*

Rorty, R. (1991): Wittgenstein, Heidegger und die Hypostasierung. In: McGuiness et al.: Der Löwe spricht (...) und wir können ihn nicht verstehen. Frankfurt/M.

Rycroft, Ch. (1962): Beyond the Reality Principle. *Int. J. Psychoanal.* 43, 388–394.

Sandler, J. und A. (1987): The past and the present unconscious. *Int. J. Psychoanal.* 68.

Sass, L. A. (1994): The Paradoxes of Delusion, Wittgenstein, Schreber and the schizophrenic mind. Ithaca, London.

Schreber, D. P. (1903): Denkwürdigkeiten eines Nervenkranken. Neudruck 1973. Hg. S. M. Weber. Frankfurt/Berlin/Wien.

Simon, J. (1978): Wahrheit als Freiheit. Berlin/New York.
- (1981): Sprachphilosophie. Freiburg/München.
- (1987): Der gute Wille zum Verstehen und der Wille zur Macht. *Allg. Z. Philosophie,* 13.3.
- (1989): Philosophie des Zeichens. Berlin/New York.
- (1989): Leib und Seele. In. W. Marx (Hrsg.): Leib und Seele – Determination und Vorhersage. Frankfurt/M.
- (1994): Verstehen ohne Interpretation. (Manuskript).

Stegmaier, W. (1992): Philosophie der Fluktuanz. Göttingen.

Stennius, E. (1969): Wittgensteins Traktat. Frankfurt/M.

Stingelin, M. (1994): Kanonenschüsse und Glockenschläge, Nietzsches Studium der physiologischen Traumliteratur. FAZ, 3. August 1994.

Tustin, F. (1986): Neurotic patients. London.

Weber, S. M. (Hrsg.) (1973): Schreber: »Denkwürdigkeiten eines Nervenkranken«. Neudruck. Frankfurt/Berlin/Wien.

Wittgenstein, L. (1922): Tractatus logico-philosophicus.
- (1930): Schriften 2. Frankfurt/M. 1964.
- (1945): Philosophische Untersuchungen. Schriften 1, 1960. Frankfurt/M.
- (1970): Über Gewißheit. Frankfurt/M.

Wuchterl, K. (1969): Struktur und Sprachspiel bei Wittgenstein. Frankfurt/M.

Wygotski, L. S. (1934): Denken und Sprechen. Frankfurt/M.

Verzeichnis der Schriften von Wolfgang Loch*

1939: Inaugural-Dissertation: Über die Bedeutung verschiedener Substrate für den Ablauf des Erregungsstoffwechsels am Speicheldrüsengewebe, 19.12.1939 (Pharmakologisches Institut der Friedrich Wilhelm Universität Berlin).

1943: H. DRUCKREY und W. LOCH: Die Wirkung des Jodessigs, der Essigsäure und des Jods auf den Gewebestoffwechsel, Arch. exp. Path. u. Pharmak. 202, 3, 236–248.

1948: U. KAPS und W. LOCH: Pharmakologie-Repetitorium, Hannover (B. Wilkens).

1952: Halluzinose bei Phanodormabusus, Ärztl. Wschr. 7, 24.

1956: Zur Behandlung fortgeschrittener Schizophrenien mit Megaphen und Reserpin, Nervenarzt 27, 463.

1959/60: Vegetative Dystonie, Neurasthenie und das Problem der Symptomwahl, Psyche XIII, 49–62.

1959/60: Begriff und Funktion der Angst in der Psychoanalyse, Psyche XIII, 801–816.

1960/61: Schulpsychiatrie – Psychoanalyse in Konvergenz? Psyche XIV, 801–810.

1961: Heilung als Ich-Integration, Wege zum Menschen 13, 193–208.

1961/62: Anmerkungen zur Pathogenese und Metapsychologie einer schizophrenen Psychose, Psyche XV, 684–720.

1961/62: Zur Problematik des Seelenbegriffes in der Psychoanalyse, Psyche XV, 88–97, außerdem publ. in: Probleme der Ordnung, 6. Deutscher Kongreß für Philosophie, Meisenheim am Glan (Anton Hain).

1962: Biologische und gesellschaftliche Faktoren der Gewissensbildung, Wege zum Menschen 14, 346–361.

1962/63: Psychoanalyse und Kausalitätsprinzip, Gedanken über Anwendungsbereich und Grenzen, Psyche XVI, 401–419.

1963: Psychoanalytischer Beitrag zum Verständnis der Perversionen, insbesondere der Homosexualität, DZK 3, 93.

1964: Psychotherapeutische Behandlung psychosomatischer Krankheiten in der ärztlichen Sprechstunde, Ärztl. Mitteilungen 61, 2, 73.

1963/64: Regression – Über den Begriff und seine Bedeutung in einer allgemeinen psychoanalytischen Neurosentheorie, Psyche XVII, 516–545.

---

* Wir danken dem Verlag edition diskord in Tübingen für die freundliche Genehmigung zur Übernahme der Bibliographie.

1964:	The Patient – The Reality – And the Doctor. In: Report on Int. Conf. on Gen. Pract. Training, Versailles.
1965:	Übertragung – Gegenübertragung, Psyche XIX, 1–23.
1965:	Zur Struktur und Therapie schizophrener Psychosen aus psychoanalytischer Perspektive, Psyche XIX, 172–187.
1965:	Voraussetzungen, Mechanismen und Grenzen des psychoanalytischen Prozesses, Bern und Stuttgart (Huber).
1965:	Aggression und Liebesobjekt; ein Beitrag zur Frage der Partnerwahl. In: Gesellschaft und Neurose, Almanach, Stuttgart, 99–121 (Klett).
1965:	Begrüßungsansprache beim Festakt 1965. In: Gesellschaft und Neurose, Almanach, Stuttgart, 34–42 (Klett).
1966:	Über einige allgemeine Strukturmerkmale und Funktionen psychoanalytischer Deutungen, Psyche XX, 377–396.
1966:	Studien zur Dynamik, Genese und Therapie der frühen Objektbeziehungen; Michael Balints Beitrag zur Theorie und Praxis der Psychoanalyse, Psyche XX, 881–903.
1967:	Über theoretische Voraussetzungen einer psychoanalytischen Kurztherapie. Anmerkungen zur Begründung der Fokaltherapie nach Michael Balint, Jahrbuch der Psychoanalyse IV, Bern und Stuttgart, 82–101 (Huber).
1967:	Grundriß der psychoanalytischen Theorie. In: Die Krankheitslehre der Psychoanalyse, Herausgeber W. Loch, Stuttgart (Hirzel).
1967:	Psychoanalytische Aspekte zur Pathogenese und Struktur depressiv-psychotischer Zustandsbilder, Psyche XXI, 758–779.
1967:	Mord – Selbstmord oder die Bildung des Selbstbewußtseins. In: Wege zum Menschen 19, 262–268.
1968:	Identifikation – Introjektion – Definition und Determinanten, Psyche XXII, 271–286.
1968:	Bemerkungen zur Rolle des Sexualtabus, Psyche XXII, 720–737.
1968:	Amenorrhoische Phasen: Ödipale Abwehr und narzißtische Regressionen. In: Das Lebensproblem und die Krankheit, Almanach, Stuttgart, 171–174 (Klett).
1968:	Zur Problematik tiefenpsychologisch fundierter Psychotherapie als Pflichtleistung der RVO-Kassen. In: Das Lebensproblem und die Krankheit, Almanach, Stuttgart, 7–20 (Klett).
1968:	P. Reis und W. Loch, Tiefenpsychologisch fundierte Psychotherapie von Konfliktsituationen im Rahmen der nervenärztlichen Praxis. In: Das Lebensproblem und die Krankheit, Almanach, Stuttgart, 21–27 (Klett).
1969:	Über die Zusammenhänge zwischen Partnerschaft, seelischer Strukturbildung und Mythos, Psyche XXIII, 481–506.
1969:	Über zwei mögliche Ansätze psychoanalytischer Therapie bei depressiven Zustandsbildern. In: Melancholie in Forschung und Praxis, Hrsg. W. Schulte und W. Mende, Stuttgart, 133 (Thieme).
1969:	Über Psychoanalyse, Attempto 31/32, Tübingen 20–28.

1969: Balint-Seminare: Instrumente zur Diagnostik und Therapie pathogener zwischenmenschlicher Verhaltensmuster. In: Jahrbuch der Psychoanalyse VI, Bern und Stuttgart, 141–156 (Huber).

1970: Seelische Ursachen psychischer Störungen, Versuch einer Systematik, Praxis der Psychotherapie XV, 49–59 und 97–107; gekürzte Fassung in: Seelische Störungen, Hrsg. H.-H. MEYER, Frankfurt/M. 1969 (Umschau).

1970: Zur Entstehung aggressiv-destruktiver Reaktionsbereitschaft, Psyche XXIV, 241–259.

1970: Sprechstunden-Psychotherapie, Training in Balint-Gruppen, Psychosomatische Medizin, Heft 3/4, 231–244.

1970: Beratung – Behandlung: Methoden und Abgrenzungen. In: G. STRUCK (Hrsg.): Familie in der Diskussion, Familienkonflikte und Familienberatung, Kevelaer (Butzon und Bercker). Nachdruck in: Almanach, Stuttgart 1971, 7–22 (Klett).

1971: Grundriß der psychoanalytischen Theorie, erweiterte und verbesserte Fassung. In: Die Krankheitslehre der Psychoanalyse, 2. Auflage, Herausgeber W. LOCH, Stuttgart (Hirzel).

1971: Determinanten des Ichs. Beiträge David Rapaports zur psychoanalytischen Ich-Psychologie, Psyche XXV, 374–400.

1971: Bemerkungen zum Gegenstand, den Methoden und Zielen der Psychoanalyse, Psyche XXV, 881–910.

1971: Ansprache zur 50-Jahrfeier des Berliner Psychoanalytischen Instituts (Karl-Abraham-Institut). In: Psychoanalyse in Berlin, Meisenheim.

1972: Die Arzt-Patient-Beziehung, Basis des ärztlichen Wirkens – Gegenstand der psychologischen Diagnose – Ziel der psychischen Therapie. In: Deutsches Medizinisches Journal 23, 142–146.

1972: Zur Theorie, Technik und Therapie der Psychoanalyse, Frankfurt/M. (Gesammelte Aufsätze I).

1973: Die Balint-Gruppe: Möglichkeiten zum kontrollierten Erwerb psychosomatischen Verständnisses. In: Therapie-Woche 23, 30, 2509–2513.

1973: Heinz Hartmanns Ich-Psychologie: Irrwege oder Grundlage der psychoanalytischen Ich-Theorie? Psyche XXVII, 371–383.

1974: Gegenbesetzung. In: Historisches Wörterbuch der Philosophie, Bd. III, Basel.

1974: W. LOCH und G. JAPPE: Die Konstruktion der Wirklichkeit und der Phantasien, Psyche XXVIII, 1–31.

1974: Der Analytiker als Gesetzgeber und Lehrer, Psyche XXVII, 431–460.

1974: Therapie. In: H. J. SCHULTZ (Hrsg.): Psychologie für Nichtpsychologen, Stuttgart/Berlin.

1975: Italienische Ausgabe der erweiterten und verbesserten Fassung von: Grundriß der psychoanalytischen Theorie: Psicoanalisi medica, Milano.

1975: Über Begriffe und Methoden der Psychoanalyse, Bern. (Gesammelte Aufsätze II).

1975:	Anmerkungen zur Einführung und Begründung der ›Flash-Technik‹ als Sprechstunden-Psychotherapie. In: E. BALINT und J. B. NORELL (Hrsg.): Fünf Minuten pro Patient, Frankfurt/M.
1975:	Ärztliche Psychotherapie auf psychoanalytischer Grundlage, Psyche, XXIX, 383–398.
1975:	S. Ferenczi: Schriften zur Psychoanalyse, Psyche XXIX, 854–858.
1976:	Psychoanalyse und Wahrheit. Psyche XXX, 865–898. Siehe auch: Einige Anmerkungen zum Thema Psychoanalyse und Wahrheit 1977, Psychiatrica Fennica, 24–46.
1976:	Einige Bemerkungen über die Bewertung der Supervision. Bull. Europ. Psychoanal. Federation 7, 25–29.
1976:	Ästhetik – Therapeutik – Urteilskraft. In: H. G. MEISSNER (Hrsg.): Leidenschaft der Wahrnehmung, München, 113–121.
1976:	W. LOCH und H. DANTLGRABER: Changes in the Doctor and his Patients brought about by »Balint-Group-Work«. Psychiatrica Fennica, 69–80.
1976:	Identifikation. In: Historisches Wörterbuch der Philosophie, Bd. IV, Basel.
1976:	Introjektion. In: Historisches Wörterbuch der Philosophie, Bd. IV, Basel.
1977:	Some Comments on the Subject of Psychoanalysis and Truth. In: J. H. SMITH (Hrsg.): Thought, Consciousness and Reality, New Haven/London, 217–255.
1977:	Grundriß der psychoanalytischen Theorie (Metapsychologie). Erweiterte Fassung. In: W. LOCH (Hrsg.): Die Krankheitslehre der Psychoanalyse, 3. überarbeitete und erweiterte Auflage. Stuttgart, 1–65.
1977:	Anmerkungen zum Thema Ich-Veränderungen, Ich-Defekte und psychoanalytische Technik. Psyche XXXI, 216–227.
1977:	W. LOCH und U. POHLMANN: Psychoanalyse – Heilmittel oder Forschungsmethode? In: P. KUTTER (Hrsg.): Psychoanalyse im Wandel, Frankfurt/M., 27–41.
1978:	Anmerkungen zu wissenschaftstheoretischen Problemen der psychoanalytischen Praxis. In: S. DREWS u. a. (Hrsg.): Provokation und Toleranz. Frankfurt/M., 93–118.
1979:	Depression und Melancholie, depressive Position und Vatermord. In: E. H. ENGLERT (Hrsg.): Die Verarmung der Psyche. Frankfurt/M./New York, 157–171.
1979:	Aus der Praxis eines Balint-Seminars. In: LUBAN-PLOZZA W. LOCH (Hrsg.): Psychotherapie in der ärztlichen Sprechstunde, Stuttgart/New York, 35–40.
1979:	Tiefenpsychologisch fundierte Psychotherapie – analytische Psychotherapie. Wege zum Menschen 31, 177–193.
1979:	Krankheitsbegriff – Krankheitslehre – ein psychoanalytischer Beitrag. Jahrbuch der Psychoanalyse Bd. XI, Bern/Stuttgart, 82–99.

1979:	Über psychoanalytische Zusammenhänge zwischen Angst, Terror und Gewalt. In: H. v. STIETENCRON (Hrsg.): Angst und Gewalt, Düsseldorf (Patmos).
1979:	S. Ferenczi: Zur Erkenntnis des Unbewußten und andere Schriften, Psyche 33, 565–567.
1979:	Italienische Ausgabe von Voraussetzungen, Mechanismen und Grenzen des psychoanalytischen Prozesses: Premesse e Meccanismi del Processo Psicoanalytico, Prefazione di Pier Francesco Galli, Torino (Boringhieri).
1980:	W. LOCH und J. DANTLGRABER: Psychoanalytische Praxis, wissenschaftstheoretische Probleme der psychoanalytischen Praxis. In: J. SPECK (Hrsg.): Handbuch wissenschaftstheoretischer Begriffe, Bd. 2, Göttingen 517–523.
1980:	W. LOCH und B. LUBAN-PLOZZA: Einige Hinweise zur Praxis und Problematik der Balint-Gruppenleitung. In: E. BALINT und B. LUBAN-PLOZZA (Hrsg.): Patientenbezogene Medizin, Bd. 3: H.-K. KNOEPFEL, Einführung in die Balint-Gruppenarbeit, Stuttgart/New York, 65–71.
1980:	Vorwort zu: ROBERT WAELDER, Ansichten der Psychoanalyse. Stuttgart, 5–13.
1980:	Libido. In: Historisches Wörterbuch der Philosophie, Bd. 5, Basel/Stuttgart, 278–282.
1980:	Metapsychologie. In: Historisches Wörterbuch der Philosophie, Bd. 5, Basel/Stuttgart 1298–1299.
1981:	Triebe und Objekte – Bemerkungen zu den Ursprüngen der emotionalen Objektwelt. In: F.-W. EICKHOFF und W. LOCH (Hrsg.): Jahrbuch der Psychoanalyse XII, Bern/Stuttgart, 54–82.
1981:	Haltungen und Ziele des Beraters. In: Katholische Bundesarbeitsgemeinschaft für Beratung. Beratung als Dienst der Kirche, Freiburg/Br., 56–77 (Lambertus).
1981:	Kommunikation, Sprache, Übersetzung, Psyche XXXV, 977–978.
1982:	Comments on Dr. Norman Cohen's Paper: On Loneliness and the ageing Process. Int. J. Psycho-Anal., 63, 267–273.
1982:	Psychoanalytische Bemerkungen zur Krise der mittleren Lebensphase. Mittlere Lebensphase – Depressive Position – Tod. In: F.-W. EICKHOFF und W. LOCH (Hrsg.), Jahrbuch der Psychoanalyse 14, Stuttgart-Bad Canstatt, 137–157.
1982:	Psychoanalyse an der Universität. Bulletin der Europ. Psychoanal. Föderation 19, 47–48.
1983:	Alexander Mitscherlich und die Wiedergeburt der Psychoanalyse in Deutschland. Psyche XXXVII, 336–345.
1983:	Die Frage nach dem Sinn – Das Subjekt und die Freiheit. Schweiz. Arch. Neur., Neurochir. u. Psych., Bd. 133, Heft 1, 29–51. Idem (geringfügig ergänzt) in: F.-W. EICKHOFF und W. LOCH (Hrsg.): Jahrbuch der Psychoanalyse 1983, 15, 68–99 (frommann-holzboog).

1983:	Grundriß der psychoanalytischen Theorie. In: W. LOCH (Hrsg.): Die Krankheitslehre der Psychoanalyse, 4. neubearbeitete und erweiterte Auflage, Stuttgart.
1984:	Balint-Seminare: Zweck, Methode, Zielsetzung und Auswirkung auf die Praxis. In: Psychoanalytische Probleme in der Gynäkologie und Geburtshilfe. Berlin/Heidelberg, 3–16.
1984:	Ödipus-Komplex. In: Historisches Wörterbuch der Philosophie, Bd. 6, Basel/Stuttgart, 1097–1103.
1984:	Objektbesetzung. In: Historisches Wörterbuch der Philosophie, Bd. 6, 1053. Siehe Korrektur Bd. 7.
1985:	J. GUTWINSKI-JEGGLE, G. LENGA und W. LOCH: Zur Konvergenz linguistischer und psychoanalytischer Textuntersuchungen, Psyche XXXIX, 23–43.
1985:	Anmerkungen zur Psychodynamik und Pathogenese der Hysterie. Jahrbuch der Psychoanalyse 17, 135–174 (frommann-holzboog).
1985:	Changes in the nature of training analysis and our expectations from it. In: R. S. WALLERSTEIN (Hrsg.): Changes in analyses and in their training. Monograph Series Nr. 4, The Int. Psychoanal. Ass., 1984 (veröffentlicht 1985), 34–40.
1986:	Psychoanalytische Perspektiven (Gesammelte Aufsätze III), Stuttgart.
1986:	Zur gegenwärtigen Psychoanalysekritik; Antwort auf den *Spiegel* 52/1984. Jahrbuch der Psychoanalyse 18, 9–15, (frommann-holzboog).
1986:	Podiumsdiskussion: Psychoanalyse unter Hitler – Psychoanalyse heute. Psyche XL, 427–432.
1986:	Realität – Einbildungskraft/Phantasie – Kreativität. In: Psychoanalyse heute, H. LOBNER (Hrsg.), Festschrift zum 60. Geburtstag von Harald Leupold-Löwenthal, Wien, und in: H. LUFT und G. MAASS (Hrsg.): Phantasie und Realität, Hofheim/Wiesbaden (beide Publikationen sind etwas verkürzt). Erweiterte Fassung 1989: Wege zum Menschen, 41, 454–469.
1987:	Probleme der Ablösung in psychoanalytischer Sicht. In: R. LEMPP: Reifung und Ablösung, Bern, 41–43 (Huber).
1988:	Anmerkungen zum Thema: Ziel, Aufgaben und Methoden der Psychoanalyse, in: Jahrbuch der Psychoanalyse 22, 36–66 (frommann-holzboog).
1988:	Rekonstruktionen, Konstruktionen, Interpretationen: Vom »Selbst-Ich« zum »Ich-Selbst«. In: Jahrbuch der Psychoanalyse 23, 37–81 (frommann-holzboog).
1989:	Über das Bedingungsgefüge »Schmerz – Abwehr – Ich – Trieb – Bewußtsein«: zur Frage des psycho-somatischen Zusammenhangs. In: Philosophie und Psychologie: Leib und Seele – Determination und Vorhersage, W. MARX (Hrsg.), Frankfurt/M., 37–70 (Klostermann).
1989:	Der psychische Faktor – seine Diagnostik und Therapie in der ärztlichen Sprechstunde. In: Die Methode der Balint-Gruppe, C. NEDELMANN und H. FERSTL (Hrsg.), Stuttgart, 247–261 (Klett).

VERZEICHNIS DER SCHRIFTEN

1989: Grundriß der psychoanalytischen Theorie, ergänzt und korrigiert. In: W. LOCH (Hrsg.): Die Krankheitslehre der Psychoanalyse, 5. Aufl., Stuttgart, 1–73 (Hirzel).

1989: Primärvorgang. In: Historisches Wörterbuch der Philosophie, Bd. 7, Basel (Schwabe).

1989: Über einige Zusammenhänge zwischen Psychoanalyse und Philosophie, Jahrbuch der Psychoanalyse 25, 57–123; gekürzte Fassung (1990): Berührungspunkte zwischen Psychoanalyse und Philosophie. In: Philosophie u. Psychoanalyse, L. NAGL u. a. (Hrsg.), Frankfurt/M., 55–68 (Nexus).

1990: Stellungnahme zu dem Aufsatz von Prof. W. Bräutigam: Ursachenfragen bei neurotischen und psychosomatischen Erkrankungen. In: Zeitschrift für Psychosom. Med. u. Psychoanal. 36, 230–236.

1990: Die Konstitution des Subjekts im psychoanalytischen Dialog (weitere Bemerkungen über die Diagnostik und den Umgang mit dem psychischen Faktor). In: Luzifer-Amor 5, 115–136.

1991: Variable und invariante Objektbeziehungen im psychoanalytischen Prozeß. Jahrbuch der Psychoanalyse 28, 9–49.

1991: Therapeutische Monologe – Therapeutik des Dialogs – Einstellungen zur Seele. In: Luzifer-Amor 8, 9–23.

1992: Regression II. In: Historisches Wörterbuch der Philosophie, Bd. 8, Basel (Schwabe).

1992: Mein Weg zur Psychoanalyse. Über das Zusammenwirken familiärer, gesellschaftlicher und individueller Faktoren. In: HERMANNS, L. M. (Hrsg.): Psychoanalyse in Selbstdarstellungen, Bd. 1, Tübingen (edition diskord).

1993: Deutungs-Kunst. Dekonstruktion und Neuanfang im psychoanalytischen Prozeß, Tübingen (edition diskord).

1994: Wie verstehen wir Fühlen, Denken, Verstehen? In: Jahrbuch der Psychoanalyse 32, 9–39 (frommann-holzboog).

1995: Theorie und Praxis von Balint-Gruppen. Gesammelte Aufsätze, Tübingen (edition diskord).

1995: Psychische Realität – Materielle Realität. Genese – Differenzierung – Synthese. In: Jahrbuch der Psychoanalyse 34, 103–141 (frommann-holzboog).

1995: Sekundärvorgang. In: Historisches Wörterbuch der Philosophie, Bd. 9, Basel, Stuttgart (Schwabe, im Druck).

1995: Zeichen – Deuten – Handeln. Ein klinisch-theoretischer Beitrag aus psychoanalytischer Sicht. In: SIMON, J. (Hrsg.): Distanz im Verstehen. Zeichen und Interpretation II. Frankfurt/M. (Suhrkamp).

Zu den Autoren

MECKE, DIETER, Prof. Dr. rer. nat.; Vizepräsident der Eberhard-Karls-Universität, Ordinarius für Biochemie.
SELBMANN, HANS-KONRAD, Prof. Dr. rer. biol. hum.; 1995 Dekan der Medizinischen Fakultät; Ordinarius für Medizinische Statistik.

DANCKWARDT, JOACHIM, Dr. med.; Psychoanalytiker in freier Praxis; Lehranalytiker der DPV in Stuttgart-Tübingen; 1992–1996 Vorsitzender der DPV.
EICKHOFF, FRIEDRICH-WILHELM, Dr. med.; Psychoanalytiker, Lehranalytiker der DPV in Stuttgart-Tübingen. 1969–1973 Oberarzt an der Abteilung für Psychoanalyse bei Prof. W. Loch; seither in privater Praxis.
GATTIG, EKKEHARD, Dr. phil., Diplompsychologe; Psychoanalytiker in freier Praxis, Lehranalytiker der DPV in Bremen; Vorsitzender der DPV.
GEKLE, HANNA, Dr. phil. habil., Diplompsychologin; Psychoanalytikerin, Mitarbeiterin des Sigmund-Freud-Instituts in Frankfurt.
GLASSER, MERVIN, Dr. med.; training analyst of the British Psychoanalytic Society, director of the London Clinic of Psychoanalysis, honorary consultant psychiatrist at the Portman clinic.
GOLDACKER, URSULA VON, Dr. med.; 1975–1982 ärztliche Mitarbeiterin an der Abteilung für Psychoanalyse bei Prof. W. Loch; Psychoanalytikerin in freier Praxis, Lehranalytikerin der DPV in Hamburg.
HENSELER, HEINZ, Psychoanalytiker, Lehranalytiker der DPV in Stuttgart-Tübingen; Ärztlicher Direktor der Abteilung für Psychoanalyse, Psychotherapie und Psychosomatik der Universität Tübingen.
JAPPE, GEMMA, Dr. phil., Diplompsychologin, Psychoanalytikerin; 1969–1982 Mitarbeiterin bei Prof. W. Loch; seit 1982 in freier Praxis, seit 1987 in Bonn an der Abteilung für Psychoanalyse, Lehranalytikerin der DPV Arbeitsgemeinschaft Düsseldorf.
KEIM, JÜRGEN; Dr. med., Dipl. Psych.; Mitarbeiter der Abteilung für Psychoanalyse, Psychotherapie und Psychosomatik bei Prof. H. Henseler; 1990–1994 Balint-Gruppe-Teilnehmer bei Prof. W. Loch.
NEDELMANN, CARL, Dr. med.; 1973–1983 Oberarzt an der Abteilung für Psychoanalyse bei Prof. W. Loch; seit 1983 Direktor des Michael-Balint-Instituts für Psychoanalyse und Psychotherapie sowie Lehranalytiker der DPV in Hamburg.
SIMON, JOSEF, Prof. Dr. phil.; von 1971–1982 Ordinarius für Philosophie in Tübingen, seit 1982 Ordinarius für Philosophie in Bonn.
STEPHANOS, SAMIR, Prof. Dr. med.; Ärztlicher Direktor der Abteilung Psychosomatik der Universität Ulm; Psychoanalytiker und Lehranalytiker der DPV.

Klöpfer & Meyer.
Nichts Göttliches ist uns fremd.

Vera Zingsem

»Der Himmel ist mein, die Erde ist mein.«

Göttinnen großer Kulturen im Wandel der Zeiten.

*1995. 485 Seiten. geb. mit Schutzumschlag. 12 Abb.
98,– DM / 725,– öS / 89,– sfr
ISBN 3-931402-03-7*

**verlegt von
Klöpfer & Meyer**

Ein verläßliches Handbuch, ein spannendes Lesebuch. Eine »einbändige« Göttinnenbibliothek. Kultur- und Religionsgeschichte, nicht nur für Frauen.

»Mythen und Märchen, Hymnen und Gebete, Sagen und Schwänke, Gedichte und Bilder: ein unterhaltsames Lesebuch über Göttinnen vergangener Kulturen. Ein umfängliches Nachschlagewerk aus der Welt von Walküren, Wahrsagerinnen, teuflischen Zauberweibern und schicksalskündenden weisen Frauen. Eine Korrektur manch traditioneller oder romantischer Vorstellung von der naiven Kindfrau.« *Der Spiegel*

»Ein Lesebuch voller phantastischer Poesie.« *Weiber-Diwan*

»Himmlische Zeiten: ein wertvolles Buch, das uns verstehen hilft, wo wir herkommen.« *Virginia*

**»Man muß viel hören, eh ein Ohr abfällt«:
Wer Augen hat zu lesen, der studiere in Ruhe
dieses spannende Buch vom Hören.**

Thomas Vogel (Hrsg.)
Über das Hören.
Einem Phänomen
auf der Spur.

*1996. 255 Seiten, geb. mit
Schutzumschlag.
39,– DM / 289,– öS / 36,– sfr
ISBN 3-89308-245-X*

Attempto Verlag Tübingen

Hermann Bausinger, Kannitverstan. Vom Zuhören, Verstehen und Mißverstehen. **Erich Zenger,** »Gib deinem Knecht ein hörendes Herz!« Von der messianischen Kraft des rechten Hörens. **Gert Ueding,** »Niemand kann größerer Redner sein als Hörer.« Über eine Rhetorik des Hörens. **Joachim Ernst Berendt,** Ich höre, also bin ich. **Reiner Unglaub,** »Sprich, damit ich dich seh.« Wahrnehmung ist Unterwegssein, ist Gespräch. **Hans-Peter Zenner,** Töne aus dem Ohr: der kleine Mann, der Motor und die Dezibel oder Die Schallverarbeitung des Ohres. **August Everding,** Lust am Wissen durch Hören. **Jürgen Wertheimer,** Hörstürze und Klangbilder. Akustische Wahrnehmung in der Poetik der Moderne. **Helga de la Motte-Haber,** Radio(un)kultur. **Horst Wenzel,** Die Empfängnis durch das Ohr. Zur multisensorischen Wahrnehmung im Mittelalter. **Peter Härtling,** Sprich, damit ich schreibe. **Hans-Georg Gadamer,** Über das Hören. **Joachim Küchenhoff,** Sprache, Symptom, Unbewußtes – die Hörwelt der Psychoanalyse. **Thomas Vogel,** Über das Radio-Hören.

Eine umfassende Analyse des Witzes. Ein Glanzstück akademischer Essayistik des 19. Jahrhunderts.

Kuno Fischer
Über den Witz.
Ein philosophischer Essay.

1996. 115 Seiten. geb. 32,– DM / 237,– öS / 31,– sfr (»Promenade 5«)
ISBN 3-931402-01-0

In kritischer Auseinandersetzung mit Jean Paul bestimmt Kuno Fischer den Witz als ein »spielendes Urteil« – und er verfolgt ihn nicht nur in seiner Entstehungsgeschichte, sondern auch in seinen Entwicklungsformen, vom Klangwitz über das Wortspiel, vom lächerlichen Irrtum über den Mutterwitz und Unsinn, vom Epigramm über die Satire bis zur Vollendung des Witzes im Humor. Sein Essay ist eine Summe der idealistischen Überlegungen zum Komischen, die erst durch Freuds neuartigen Ansatz erweitert wurde.

Kuno Fischer wurde am 23. Juli 1824 in Sandewalde/Schlesien geboren, er starb am 5. Juli 1907 in Heidelberg. Philosoph, Literaturhistoriker, einer der ganz großen porträtierenden Essayisten des 19. Jahrhunderts. Berühmt wurde er durch seine zehnbändige »Geschichte der neuern Philosophie«, an der er über 50 Jahre arbeitete.

verlegt von Klöpfer & Meyer